経営者が知っておきたい「雇用のルール」

小さな会社の
トクする 人の雇い方 給料の払い方

特定社会保険労務士
井寄奈美

日本実業出版社

はじめに

従業員を抱えるコストを少しでも下げたいと思いませんか？

しかし！　給料を安く設定するといい人が集まらない、あるいはすぐに転職してしまう、などということもあり、小さな会社の経営者としては頭が痛いところですよね。

そもそも、「コストを下げる」ためには２つの方法があります。コスト自体を下げる方法と、会社の売上を上げてコストの比率を下げるという２つの方法です。

まず、コスト自体を下げるには、**①パートと正社員、外注の使い分け、②残業をなくすために業務フローの見直しを行なう、③給与の構成を見直す、④社会保険料の決め方を知り昇給の時期を考える、⑤人を雇うときの助成金を活用する**などの方法が考えられます。忙しい経営者が、なかなか手が回らない部分だと思いますが、そこに目を向けて取り組むことで効果が期待できます。

では、会社の売上を上げるためにはどうすればよいでしょうか。本書では「人」を中心に考えていきます。

小さな会社では、従業員の「やる気」を引き出すことがすごく大切です。従業員に「やる気」を出してもらうには、従業員が安心して働き続けられる職場作りがベースとなります。

従業員がやる気を出す職場作りの方法は、意外と簡単です。経営者が「約束を守る」ことです。約束とは、①**給料の支払い方**、②**労働時間の設定**、③**休日の設定**など、従業員と結ぶ「雇用契約」のことです。その契約内容は、労働基準法などで定められた基準を下回らないことが求められます。

従業員が安心して働ける環境を整えてこそ、最大のパフォーマンスを引き出すことができ、会社の売上もアップするというものです。

本書は、従業員の採用から退職まで、経営者が知っておくとトクをする必要最低限のルールをまとめたものです。経営者にとって耳の痛い労働法のことだけではなく、社会保険料の節約術、助成金の活用法など、コストを下げるためのテクニックもたくさんご紹介しています。

できるだけたくさんの情報を幅広くご紹介できるように、「網羅的にざっくりと」解説しています。日々忙しい経営者の方が理解しやすいように、できるだけ難解な用語は使わないようにしました。より実務的な内容については、各分野の専門書に譲りたいと思います。

本書では、少し気の弱い新米経営者の小久保さんが投げかける疑問を、姉御肌のなにわの社労士・真奈美先生がズバズバ解決していきます。２人のやりとりを楽しみながら、人を雇う経営者であれば知っておきたいルールを習得し、経営に活かしていただければ幸いです。

２００９年３月

特定社会保険労務士　井寄　奈美

（この本の内容は２０１１年８月現在の法令等に基づいています）

CONTENTS

経営者が知っておきたい「雇用のルール」
小さな会社のトクする人の雇い方・給料の払い方

COLUMN

なにわの社労士が教える本当の損得！

トクする書式&チェックシート

トクする書式集

ダウンロード対応

上のアイコンがあるページの書式は、下記URLでダウンロードできます。

http://www.sr-iyori.com/tokusuru/

チェックシート

カバーデザイン◎モウリ・マサト
本文ＤＴＰ◎ムーブ（川野有佐）

本書の特徴

経営者の「人を雇うときの疑問・悩み」をズバズバ解決！

小さな会社の経営者・小久保さんが、
なにわの社労士・真奈美先生との対話を通して、
「人を雇用する」ことにかかわる
トクするポイントを学んでいきます。

ホンマもんのコスト意識を持たな！

なにわの社労士
真奈美先生（？歳）

社会保険労務士歴8年。大阪弁でのしゃべりは周囲を圧倒し、労働基準監督官をもだまらせてしまうパワーの持ち主。
小久保さんとは半年前に異業種交流会で知り合い、現在、顧問契約を結んで、小久保さんの会社の労務管理についてアドバイスを行なっている。

従業員、やる気になってくれるかな？

経営者
小久保さん（35歳）

Web制作会社を設立して5年。現在、正社員3名・パート2名を雇用。従業員にはできるだけのことをしたいと考えているが、そうは言っても、人件費はなるべく抑えたい。
今回、事務員を採用するにあたって、改めて自社の雇用契約全般について見直したいと考え、真奈美先生に相談をすることに。

トクするポイントの黄金ルール

コストを下げる

❶どう人を雇うか
❷業務フローの見直し
❸給与構成の見直し
❹社会保険料の節約
❺助成金活用

＋

売上を上げる
＝
従業員の「やる気」を促す

❶経営者が「雇用契約」を守る
❷給料の支払い方
❸労働時間の設定
❹休日の設定

第1章

従業員にかかるコストは雇い方で変わる！

この章で学べること

- 雇用形態によって変わる総額人件費
- 人を雇うことで受給できる助成金
- 採用コストをできるだけ削減する方法

1-1 パートと正社員、どっちがトク？

Ｗｅｂ制作会社を経営している小久保さん（35歳・男性）は5年前に会社を興し、現在、正社員3名、パート2名を雇って仕事をしています。

従業員の給料（本書では便宜上「給与」「給料」「賃金」という3つの単語を同じ意味で使用しています。「労務の提供に対して支払われる対価」という意味です）の基準はとくに決めておらず、採用のたびに前職の給料を聞いて決めてきたので、最近、従業員間の給料のバランスがよくないと感じるようになりました。

今回、事務員を新たに1名採用することになり、そろそろ雇用条件を慎重に決めたいと考え、顧問契約をしている社会保険労務士（以下、社労士）の真奈美先生にアドバイスを求めることにしました。

真奈美先生とは異業種交流会で知り合いました。それまで「士業」の人といえば、堅苦しいイメージしかありませんでしたが、真奈美先生はそんなイメージを大きく覆《くつがえ》すキャラクターの持ち主でした。大阪の女性らしく本音をズバズバとストレートに言ってくれるので、会社のことで困ったことがあれば気軽に相談をしています。

「真奈美先生、今度の従業員はパートでもいいかな？」

「なんで正社員にせえへんの？」

「パートのほうが、コストパフォーマンスがいいんじゃないかって思って」

「何をやってもらうつもりなん？」

「経理の仕事なんだ。ただ、経理の仕事をパートにまかせていいのかどうか、迷ってるんだ」

「ホンマのとこ、正社員やったら給料の負担がキビシイって感じなん？」

「いや、そこまでは切羽つまってないけど、できるだけ固定費は増やしたくないのが本音かな」

「なるほどな」

「これからは慎重にやりたいんだ。パートと正社員はどう使い分けたらいいのかな？」

正社員とパートの総額人件費はどう違う？

事務員を正社員で雇い入れた場合と、パートで雇い入れた場合の総額人件費を比較してみましょう。正社員もパートも社会保険に加入、交通費は月額1万円として計算します。ここでは、残業代はないものとします。次ページ表のように、パートと正社員の総額人件費の比較をすると、大きく違うのがわかります。パートの勤務時間を短くした場合は、社会保険料の負担はなくなります。しかし、長い目で見た場合、会社に本当に利益をもたらしてくれるのは、どちらなのかを考えたほうがトクです。

パートで勤務を希望する人は、担当業務については「自分にできることで責任のない内容のもの」を望む人が多いようです。少ない人材で、多くの仕事をこなさなければならない小さな会社では、責任を持って新しい仕事にも取組む意欲のある正社員との役割分担を考えたうえで、募集の際の雇用形態を決めるようにしましょう。

社会保険の加入義務

パートでも、正社員の4分の3以上の労働時間・勤務日数である場合は、社会保険（健康

❖ 正社員とパートの人件費比較 ❖

正社員 ▶ 月給 ： 20万円
賞与 ： 年間3か月支給
パート ▶ 時間給 ： 900円（1日7時間、月間21日勤務）
賞与 ： 年間10万円支給

※いずれも社会保険に加入、
交通費は月額１万円とする。

	月給	月給（年間）	交通費	賞与	年間給与計	社会保険料	年間人件費計
正社員	200,000	2,400,000	120,000	600,000	3,120,000	457,000	3,577,000
パート	130,000	1,560,000	120,000	100,000	1,780,000	250,000	2,030,000

（社会保険料とは健康保険料・厚生年金保険料・雇用保険料・労災保険料の会社負担分）

❖ パートの社会保険・雇用保険への加入基準 ❖

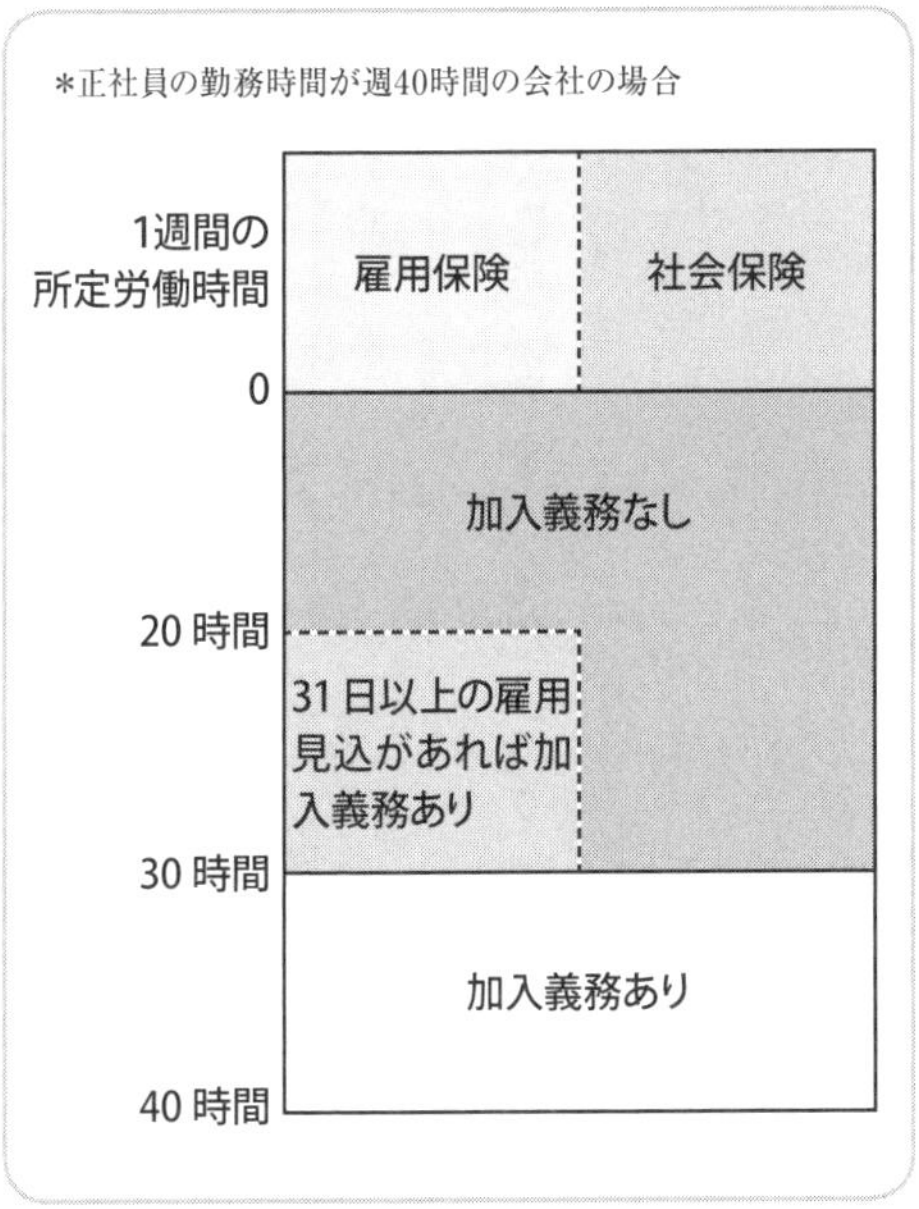

＊正社員の勤務時間が週40時間の会社の場合

保険・厚生年金保険）の加入義務があります。雇用保険は、週20時間以上の勤務で31日以上の雇用が見込まれる場合は加入しなければなりません。

社会保険と雇用保険は加入できる要件が違いますので、「社会保険には加入できないけれど、雇用保険だけ加入できる」というケースは発生します。

ホンマにトクする

短時間勤務のパートであれば、社会保険料の負担もない。ただし、パートでこなせる仕事なのかどうかの見極めが大切！

「真奈美先生、契約社員だったら辞めてもらいやすいんだよね？」

「そんなことないで。その考えは危険!!」

「じゃあ、そもそも契約社員って何なの？」

「契約社員っていうたら、半年契約とか1年契約とか、契約期間が決まってる社員のことを言うねん」

「じゃあ、その契約期間が終われば、辞めてもらっても大丈夫なんだよね」

「1回目はそうやけど、更新を繰り返してると、正社員と同じように考えなアカン場合もあるねんで」

「あ、そうなんだ。雇用形態の違いをもっと教えてよ」

自社に最も適した雇用形態の選び方

人を雇うときの、おもな雇用形態は次ページ上表のとおりです。このなかで、派遣社員と業務委託については直接の雇入れではありません。ただし、派遣社員についても自社の従業員と同じように派遣先で安全配慮義務があり、適正な労働時間の管理等が必要です。業務委託をする場合については、委託先は事業者として考えられるので、雇用関係ではありません。

自社に最も適した雇用形態を考えるには、以下の３つがポイントになります。

１　担当してもらう仕事の内容

営業や企画など会社の基幹業務であり、経験を積むことで能力が上がる職種については正社員を雇い入れ、その成長に合わせて会社も成長できる仕組みを作るべきです。しかし、正社員ばかりにするとコストがかかるので、ルーティンワークや補助業務などはパートの活用も考えるべきでしょう。

２　今後の会社の方向性

❖ どんな雇用形態？ ❖

正社員	雇用契約の期間の定めのない従業員（長期雇用を前提）
契約社員	雇用契約の期間の定めのある従業員
パート	時間給で仕事をする従業員 雇用契約の期間については定めがある場合もない場合もある
アルバイト	学生など臨時で仕事をする従業員
派遣社員	直接雇用関係がないが、業務遂行に関する指揮命令は派遣先の会社が行なうことができる
業務委託（外注） ＊労働者ではない	直接雇用関係がなく、委託元から仕事のやり方などについて直接の指揮命令を受けることはない。委託された仕事の完成に対して費用が支払われる

❖ 雇用形態および外注のメリット・デメリット比較 ❖

	コスト	会社との関係性の強さ	辞めさせやすいかどうか	スキル
正社員	高い	強い	やめさせにくい	高い
契約社員	中間	中間	期間満了すれば可能	中間
パート	低い	中間	期間満了すれば可能	それ程高くない
アルバイト	低い	弱い	元々短期間	低い
派遣社員	高い	弱い	交替可能	業務による
業務委託（外注）	中間	なし	委託契約に基づき解除可能	高い

従業員を自社で抱えるのか、外注・派遣など外部の労働力を活用していくのか、会社の方向性を決める必要があります。

自社で雇い入れた場合のメリットは、会社にノウハウが残るので、安定した成長が望める可能性が高いということです。

外注を使う場合のデメリットは、つねに自社の仕事だけをやってもらえるわけではないので、納期が不安定になること。また、ノウハウが自社には残らないことや、トラブルが生じた場合の責任所在があやふやになりやすいことなどがあげられます。

自社に従業員を抱えることで、仕事のあるなしにかかわらず人件費が発生するリスクを避けたい場合や、外部の労働力を活用することで新しいアイデアを得たい場合などは、一定の範囲で外注を使ってもよいでしょう。その際には、信頼できる外注先と提携することが必須となります。

3　人件費の支払い可能額はいくらか

自社で従業員を雇い入れた場合は、給与だけではなく、社会保険料、旅費交通費、研修費用などもかかります。人を雇い入れたいと考えるときは、まず現有の従業員でこなせない業務なのかどうかをじっくり検討します。１人を雇うことで、どれくらいの収益増が見込まれるのかを考えたうえで、自社にとって最適な雇用形態を選択しましょう。

その際、目先のことだけを考えるのではなく、1年後、5年後に会社をどうしたいのかという視点が大切になります。

ホンマにトクする

外注・派遣社員などの活用で、固定費の増加を抑えることが可能！

ただし、自社にノウハウが残らないなど長い目で見た場合はデメリットもある。

契約社員の取扱いについて

雇用期間の定めのある従業員は、「有期雇用契約社員（契約社員）」といわれます。労働基準法では、原則3年を超える契約を結ぶことは禁止されています。ただし、3年以内の契約を繰り返し更新することは禁止されていません。

契約社員制度を導入している企業にそのメリットを聞くと、「契約期間ごとに契約内容の見直しができるから」「情勢に応じて雇用の調整ができるので」という答えが多いようです。契約社員とは、毎年書面で契約期間の更新や、契約内容の確認を行なうことになります。契約の更新を何度も繰り返している契約社員の契約更新を打ち切る場合は、正社員を辞めさせる場合に準じた形で、社会通念上、合理的だと認められる理由が必要となる場合があります（4章－5参照）。

特別なプロジェクトのために専門家を一定の期間だけ雇い入れる場合や、デザイナーなどの専門職で、正社員と異なる雇用管理をしたい場合は、「契約社員制度」を導入するのも有効です。柔軟な雇用調整のみを目的として「契約社員」の雇用形態を選択する場合は、次ページ図表の注意点に留意のうえ、契約書の更新など管理をきちんと行ないましょう。

❖ 契約社員制度を導入する場合の注意点 ❖

- 契約期間ごとに契約書を作成し、契約期間満了の1か月前までには更新の有無についての話合いをきちんと行なうこと

- 契約更新の有無の判断基準を契約書に明記しておくこと
  （例：契約期間満了時の業務量、勤務成績・態度、能力、会社の経営状況、従事している業務の進捗状況など）

- 契約期間満了後に更新を行なわない場合は、雇用契約書に「更新はない」と明記すること

- 契約期間満了後に雇用の更新をするかどうかが決まっていない場合については、「更新の有無は、契約期間満了30日前までに通知する」と明記すること

- 契約社員は、従業員側からも辞めやすい制度であるということをお忘れなく。戦力になると確信したら、「雇用期間の定めのない」正社員登用を検討すること

- 契約期間の途中での契約打ち切りはやむを得ない事由がある場合を除いてはできない

なにわの
社労士が教える
本当の損得！

【雇用形態編】

私たち社労士は、企業から顧問契約をいただいて、長いお付き合いになるケースがよくあります。飲食業・小売業など、元々パート・アルバイトの比率が多い業種を除くと、中小企業は正社員の割合が高いと感じます。中小企業は従業員１人ひとりの能力が直接業績に影響すると言っても過言ではありません。まさによい人材がいるかどうか、よい人材を育てることができるかどうかが大きなポイントです。

そして、離職率と業績は反比例していると感じます。離職率の高い会社は従業員が育ちません。目先の損得に惑わされずに、長い目で見て従業員を育てるという気持ちを経営者が持つことが大切です。

1-2 せっかく人を雇うからには助成金をもらいたい！

「真奈美先生、人を雇うことでもらえるお金があるって本当？」

「助成金のこと言うてんの？　残念やけど雇うだけではもらわれへんで」

「そうなんだ。じゃあ、どうすればもらえるの？」

「たとえばハローワーク経由で若い人を雇うとか、ほかにもいろいろな条件をクリアせなアカンねん」

「そのお金って、あとで返さないといけないの？」

「いや、返さんでもいいねんで！」

「そうなんだ。うちでも、もらえるかな。もうちょっと詳しく教えてよ」

助成金申請の注意事項を知っておく

雇用関係の助成金は、人を雇い入れたとき、定年延長やパートタイマーの待遇改善など、雇用環境を改善したときなどに、会社が申請することによって受給できます。助成金の返済は不要です。税法上は雑収入として課税されます。

助成金申請のためには、事前準備が何より大切。人を雇い入れるタイミングを、申請しようとする助成金の条件に合わせるようにします。このタイミングをはずすと、せっかくの助成金申請ができなくなるケースもあります。

助成金の手続きを会社で進める場合は、まず都道府県労働局のホームページや、ハローワーク等で無料で配布している「事業主の方への給付金のご案内」などの冊子を見るようにします。これらで内容を確認のうえ、申請窓口である独立行政法人等が開催している説明会に参加したり、申請窓口の担当者と事前に打合せを行ないましょう。

雇用関係の助成金を申請する際には、絶対条件として「雇用保険に加入している事業所であること」が要求されます。また、「労働保険（労災保険＋雇用保険）料の滞納がないこと」や、「一定期間の間、会社都合で従業員を辞めさせていないこと」などが求められます。助成金申請の際には、賃金台帳や出勤簿、雇用契約書などの提出を求められることがほとんどですので、帳簿関係も整備しておくことが必要です。

助成金の手続きを社労士に依頼する場合は、一定の手数料がかかります。社労士に依頼するメリットは、何より時間が節約できること。助成金受給の可能性についての事前調査や、申請書類作成を依頼することで、無駄な動きをしなくてもすみます。

ただし、社労士に依頼したからといって必ず助成金が受給できるということではありません。助成金を受給できる要件をクリアしているのかどうかが一番のポイントになります。

助成金申請の際にまず確認すること！

◎資格要件の確認

・雇用保険の加入状況
・労働保険料の支払い状況
・事業所の規模

◎それぞれの助成金について、申請前にやらないといけないことと、申請前にやってはい

❖ 人を雇うと受給できる助成金（2011 年度の例）❖

助成金名	どんなときに	助成金額	問合せ窓口
中小企業基盤人材助成金	創業や異業種進出を行ない、会社経営の基盤となる人材を雇い入れたとき	会社経営の基盤となる人材1人につき140万円など（５名を限度）	独立行政法人雇用・能力開発機構
受給資格者創業支援助成金	失業給付を受給している人が創業し、従業員を雇い入れる	創業にかかった費用の3分の1に相当する額（上限150万円）など	ハローワーク
特定求職者雇用開発助成金	高齢者・障害者・母子家庭の母等の就職困難者の雇い入れ	採用後1年～2年間で30万～240万円（１人につき）	ハローワーク
試行雇用奨励金	若年者・中高齢者・母子家庭の母等を試行雇用として雇い入れ	対象者1人につき月額4万円×3か月	ハローワーク
3年以内既卒者トライアル雇用奨励金	中学、高校、大学等を卒業後３年以内の既卒者を有期雇用での育成を経て正規雇用に移行	対象者1人につき月額10万円×３か月。正規雇用から３か月定着した場合50万円	ハローワーク
派遣労働者雇用安定化特別奨励金	派遣社員を直接の雇い入れに切り替えた場合	1人につき15万～100万円	ハローワーク
若年者等正規雇用化特別奨励金	年長フリーター等および40歳未満の採用内定取消者を正規雇用	１人につき25万～100万円	ハローワーク

※助成金の内容については、その都度、問合せ窓口にご確認ください。

けないことの確認
◎会社都合で従業員を退職させていないかどうかの確認
◎労働者名簿・出勤簿・賃金台帳等の整備状況の確認
◎助成金受給のための制度導入の期限・助成金の申請期限の確認

ホントクマにする

助成金をしっかりもらうためには、情報収集と事前準備がキーポイント！

なにわの社労士が教える本当の損得!

【助成金編】

はっきり言います！　助成金ありきで何かをして、うまくいった例はありません。まずは自社の採用計画をきちんと立てて、それにたまたま合う形で助成金をもらえれば儲けもの！　くらいの気持ちでいることです。

たとえば、中小企業基盤人材助成金。

新規事業を始める際に、月給30万円以上の会社の基盤となる人材を雇用し、かつ新規事業開始のための資金を２５０万以上使ったときに申請ができるのですが（事前に計画書の認可を受けることが必要）、無理をして給与の設定をすると、助成金の対象期間が終わった後でも、給与を下げることはできません。また、本来２００万円ですむ経費を無理に２５０万円使ったところで、助成金額は１４０万円。長い目で見た場合、損になることもあります（しかも、無理に使った経費は認められない場合もある）。

本末転倒にならないためにも、「事前調査」が大切です。もらえる助成金はやはりもらっておきたい。しかし、助成金を受けるための条件にどこまで合わせるかは、慎重に考えなければなりません。

1-3

採用コストは最小限に抑えたい

「真奈美先生、今回は、できるだけお金をかけずに従業員の募集をしたいんだけど」

「それやったら『紹介』か『ハローワーク』やな」

「ほかにもある?」

「自社のホームページやブログ、メルマガでの求人も無料やん」

「そうだね。やってみるよ。でも、それでいい人が来てくれるかな」

「ある程度の能力を期待するんやったら、お金はかかるけど人材紹介会社もおすすめやで」

「なるほどね。まずは無料でできることからやってみるよ」

募集と採用のルート

人を募集するときの、おもなルートは以下のとおりです。

無料

- 知り合い・従業員からの紹介
- ホームページやブログ、メルマガでの求人
- ハローワークに求人票を出す
- 専門職の場合は専門学校等に求人を出す

有料

- 求人誌、新聞、インターネットの求人サイトに求人情報を掲載
- 人材紹介会社に依頼

以下、それぞれの募集ルートのメリット・デメリットを見てみましょう。

◆知り合い・従業員からの紹介

知り合いや従業員からの紹介は、ある程度こちらの事業内容を知ったうえで紹介してもらえることや、紹介者がいる手前、あまり無茶なことをする人に当たらないという点がメリットです。

ただし、デメリットとしては、面接をしてみて合わなかった場合や、能力が足りずに試用期間だけで退職してもらうようなことになった場合に、紹介者との関係が気まずくなってしまうこともあります。

◆ホームページやブログ、メルマガでの求人

これも費用はかからないうえに、ブログやメルマガの読者であれば、ある程度こちらの業務内容や会社の雰囲気が伝わっている場合が多いので、ミスマッチは少ないでしょう。

◆ハローワークに求人票を出す

一番手軽な求人方法です。無料で広く募集をかけることができますが、求人票に記載された条件だけを見て応募をしてくるので、ミスマッチが起こる可能性も高くなります。たとえば、「○○業務の経験者」と募集要項に書いても、人によって受け取る「経験」のレ

ベルはさまざま。「やったことがある」のと「仕事としてできる」では大違いなので、職務経歴書だけで判断せずに面接で詳しく聞く必要があります。

人気職種の場合は、ハローワークからの電話で業務が忙殺されることも。ハローワークの求人票を見た人材派遣会社や人材紹介の会社、求人誌の会社などから営業の電話がかかってくる場合もあります。

ミスマッチ対策としては、求人票にやってほしい仕事の内容をできるだけ細かく記載し、求めるスキルもできるだけ具体的に、細かく記載します。

ハローワークからの紹介の場合は窓口担当者から電話があるので、その場で職務経験など聞いてもらえることは聞いてもらい、条件に合ったと思える人だけに選考書類を送ってもらうようにすると、無駄な時間を使わなくてすみます。

ハローワークに求人を出すためには、雇用保険に加入していることが条件です。法人の場合は、社会保険に加入していることも必要です。求人票に記載する労働時間や休日数についても法律を遵守している内容であることが求められます。

なお、雇用関係の助成金を受給するためには、ハローワークでの求人が必須条件となっているケースがほとんどです。

◆専門職の場合は専門学校に求人を出す

調理師や美容師、司法書士、税理士などの専門職を募集する場合は、専門学校に求人を出すことができます。学校に通っている人は勉強中の人だったり、試験に合格したばかりの人ということになりますので、実務経験はほとんどない場合もあります。即戦力を募集したい場合は、選考の際に実務経験を確認しましょう。

◆求人誌・新聞・インターネットに求人情報を掲載

費用はかかりますが、求職者からの応募数は多いとされています。とくに、若年層はハローワークよりも、求人誌や求人サイトで仕事を探すケースが多いようです。

また、現在失業はしていないけれども、キャリアアップをめざして転職を考えている人も、新聞の求人欄を見ている場合があります。民間の求人媒体の場合は、ハローワークでの求人票のようにフォーマットが完全に固定されていないので、ある程度自由に自社のPRなどを掲載することができます。

◆人材紹介会社に依頼

幹部候補生や資格保持者など、高い能力を要求される仕事に就いてもらうために即戦力の人材を探すのであれば人材紹介会社がおすすめです。他のどの媒体よりも、キャリアや能力のある人材とめぐり合える可能性が高いですが、費用はかなりかかります。紹介手数料は、採用した人材の年収のおおよそ30～40％と言われています。

中小企業の基盤人材として、大企業出身の人材を採用した場合に業務形態の違いからミスマッチが起こる場合もあります。人材紹介会社と、条件についてのすり合わせ、また求職者との面談をきちんと行なうことが必要です。

ホンマにトクする

無料の募集ルートは最大限に活用する！
従業員からの紹介やブログ、メルマガの活用、ハローワークもあなどるべからず。

「真奈美先生、面接のときに『これさえ押さえとけば大丈夫！』っていうポイントがあれば教えて！」

「『自社の従業員のあるべき姿のイメージを強く持つこと』やな」

「それってなかなか難しいよね」

「普段から、たくさんの人に会って、自分自身の判断力を磨くことも大事やで」

「なるほど。いつも迷っちゃってなかなか決められないんだよね」

「まぁ、面接の短い時間で決めるのは難しいわな」

「そうなんだよね」

「でも、いったん採用してしもたら、なかなか辞めてもらわれへんし、選考には時間をかけたほうがええで」

「そうだね。何度か面接をしてじっくり人となりを見ることにするよ」

採用面接のチェックポイント!

採用コストを最小限に抑える方法の1つは、採用ミスをなくすこと。募集ルートをハローワークにして、募集コストをゼロにしたところで、ハローワークからかかってくる電話への応対、応募者との面接などに取られる時間を考えると、募集コストはゼロではないこ

採用面接の際のチェックポイント（例）

チェックツール	チェック内容	チェック
職務経歴書	職務経歴書で希望する職種の経験の有無を確認	
	職歴の確認。短期間で転職を繰り返していないか。新卒入社の会社での在籍期間は要チェック	
	新卒入社の会社が一定規模以上の会社であれば、きちんとした教育訓練を受けている可能性が高い	
履歴書	自筆の場合は丁寧に書かれたものであるか	
	写真はきちんとしたものであるかどうか	
	必要事項が漏れなくきちんと書かれているか	
面接時	いままでの会社の退職理由の確認	
	時間に遅れない、また早く来すぎない、あいさつ、返事、身だしなみ、言葉遣いなど、社会人として最低限の必要マナーを身につけているかどうか	
	コミュニケーション力の確認。人の目を見て話すことができるか。人の話をきちんと聞いて受け答えができているか	
	志望動機とこの会社でやりたい仕事の確認	
	やってもらいたい仕事についての経験・興味の有無の確認	
	経営者（自分）と合う人かどうか	
	会社の方向性を話したうえで、夢やビジョンが共有できるかどうか	

とに気づくはず。採用ミスを減らすためには、面接をしっかり行ない、できるだけ自社に合った、長く仕事を続けてくれるような人材を採用することです。また、一度採用した人を辞めさせるのは難しいので、慎重に人選を行ないましょう。

とはいえ、採用面接に王道はありません。もう何年も会社経営をしていても、採用で頭を悩ませている経営者はたいへん多いものです。わずかな面接時間で適性を見極めること自体が、難しいことでしょう。経営者自らの判断力と、人を見抜く座標軸を持っているかどうかを試される機会でもあります。

ホンマにトクする

採用面接では経営者の「人を見る目」が試される。
入社してしまったら簡単には辞めてもらえないので採用面接は慎重に！

試用期間を最大限活用しミスマッチを削減！

せっかく正社員として採用したからには、１日も早く戦力となってもらいたい、と願うのは誰しも同じ。しかし、自社のカラーに合った人材なのか、求める能力を備えた人材なのかは、実際に働いてもらってはじめてわかることが多いのも事実。そのために「試用期間」を最大限に活用しましょう。

試用期間は、会社で自由に期間を設定することができます。３か月～６か月と設定している会社が多いようです。試用期間はお互いのお試し期間と認識されていますが、本来の意味は、本採用を控えて、必要な能力を身につけてもらうための教育訓練期間です。何も教育せずに、いきなり能力不足を理由に本採用にしないということはできません。試用期間中でも社会保険や雇用保険にも加入する義務がありますので、こちらもお忘れなく。

試用期間といえども、従業員を簡単に辞めさせることはできません。そこで、試用期間を最大限に活用する方法の１つとして、試用期間を１か月の有期雇用契約とする方法があります。１か月の間に能力や人柄を見きわめ、１か月経過後に双方話し合いのうえ、本採用とするのか、契約を1か月で打ち切るかを決めることができます。そうすれば、こちらの求める能力を持つ人材かどうかを短い面接の時間だけではなく、仕事をしながら見きわめることができます。

この場合、採用のスタンスによって試用期間も使い分けるべきでしょう。即戦力を求めてある程度の給与を保証して採用する場合は、ミスマッチがあると会社にとって大きな損失となるので、1か月の有期雇用契約での見定めというのがよい方法かもしれません。

しかし、新卒に近い形でこれから育てていく人材を採用するような場合は、1か月で必要な能力が身につくはずもないので、長い目で育てることが必要です。

ホンマにトクする

試用期間を1か月の有期雇用契約にし、1か月働いてもらったうえで本採用するかどうかを決める方法もある！

なにわの社労士が教える本当の損得!

【人材募集編】

いかに少ないコストでいい人材を集めるかは、永遠の課題ですよね。私の身の回りにいるキャリア志向のサラリーマンに「もし転職するとしたらどうやって仕事を探す？」と尋ねたところ、一番多かったのは「転職サイトに登録をする」という答えでした。

税理士事務所など、専門的な能力を求める業種は、人材紹介会社を使う場合が多いようです。しかし、前述したように人材紹介会社はかなりの費用がかかります。中小企業で使うには少し敷居が高いかもしれません。

ただ、中小企業の場合は、個人の能力が会社の業績に直結することが多いようです。採用にコストをかけても、それだけのコストをペイできる人材を雇うことができれば、長い目で見れば元が取れると感じます。職種や仕事内容によって、募集ルートの使い分けをするのが得策と言えそうです。

ポイント

第1章 従業員にかかるコストは雇い方で変わる！ のまとめ

1 支払い可能給与、会社の方向性、やってもらう仕事内容によって、雇用形態を考慮する！　人件費だけで判断するべからず。

2 助成金を申請したい場合は事前準備がキモ！

3 求人の際のコスト削減のためには、募集ルートの使い分けと採用面接の精度を上げること。さらに試用期間の活用を！

第2章

正しい
雇用契約の
基本を知る！

この章で学べること

- ▶ 雇用契約書の作成方法
- ▶ 給与を決めるときに知っておきたいルール
- ▶ 法定労働時間のこと

2-1 雇用契約で決めておかなければならないこと

「真奈美先生、実はいままで雇用契約書を作ったことがないんだけど、大丈夫かな？」

「ホンマは採用のときには、書面で労働時間とか給料とかを明示しないとアカンねんで」

「やっぱりそうなんだ！　ところで雇用契約書には何を書けばいいの？」

「雇用契約書に絶対書かなアカンことは法律で決まってるねん。ほな、１つずつやっていこか」

「よろしくお願いします！」

法律で定められたルールを知っておく

雇用契約を結ぶ際に気をつけたいことは、まず労働基準法などの法律で、どんなことが決められているのかを知っておくことです。法律を知らないままでいると、支払わなくてもいい残業代を払っていたり、逆に、法定労働時間を超えて働かせていることに気づかず、あとで労働基準監督署から是正指導を受けて、全従業員分の残業代を2年分さかのぼって支払わなければならないような事態も起こり得ます。そうならないためにも、「労働時間」や「休日」「年次有給休暇」「給与の支払い方」など、まずは法律で定められた内容を知り、守るようにしましょう。

たとえば労働基準法では、労働時間は「1週間に40時間以内、1日8時間以内とする」と決められています。それ以上の時間を働いてもらう場合は、「残業」の扱いになります。給与についても、「最低賃金以上の給与を払うこと」「毎月決まった日に支払うこと」などのルールがあります。

では、雇用契約を結ぶ際に決めておかなければならないルールについて、次項以降で順にチェックしていきましょう。

ホンマにトクする

雇用契約を結ぶ際は、労働基準法の決まりを要チェック！ 法律に違反する契約をしていた場合、あとでトラブルに巻き込まれ、結果的に時間・金銭的なロスをするケースが多発している！

なにわの社労士が教える本当の損得!

【雇用契約編】

私は労働基準監督署で1年間、総合労働相談員という仕事をしていました。労働者や経営者から労働契約に関する相談を受けるのですが、1年間で約2000件もこなしました。

トラブルになる原因のなかで、一番多い内容が「最初の約束と実際が違った」というものです。少人数の会社では雇用契約書を交わしていない会社も多く、口約束だけになるので、お互いに都合のいい解釈をしていて、あとでトラブルになるのです。

最近の労働者は、労働基準法のことを本当によく勉強しています。経営者はそれ以上に勉強して、あとで足元をすくわれないようにすべきです。トラブルに巻き込まれることほど、時間とお金をロスすることはありません。トラブルの原因を自分で作り出さないよう、労働基準法や労働契約法で決められていることをよく勉強してください。とくに、給与と労働時間は、労働契約で最も大切なポイントです。

2-2 給与を決めるときに知っておきたいルール

給与を決めるときに知っておきたいルールのポイントは以下の4つです。

①いくら払うのか決める。最低賃金に注意！
②時間給・日給・月給にするのか、給与の計算単位を決める
③いつ支払うのか決める
④賞与・退職金の支払いをどうするか決める

以下、順に見ていきましょう。

①いくら払うのか決める！

「真奈美先生、新しく入る人の給与を決めるとき、どうすればいいの？」

「やってもらいたい仕事に対してナンボ払えるかで、決めてる会社が多いんちゃうかな」

「でも、従業員の希望もあるだろうし、ほかの会社と比べてうちだけ給与が安いっていうわけにはいかないよね」

「そやねん。世間相場は知っとくべきやな」

「どこで世間相場ってわかるの？」

「ハローワークの求人票とか求人雑誌、求人サイトで、だいたいの相場はわかるやん。あとは、前の会社での給与、年齢、家族構成、経験は考えてあげやなアカンで。生活があるからな」

「そうだね」

「あと、いまいてる従業員とのバランスを考えることも大事やで。その人だけすごい高い給与になってても変やし」

「なるほど。その辺も考えてみるね」

給与を決める際に一番重要なことは、自社の支払い能力をきちんと把握することです。従業員にかかる人件費は、月額の給与だけではありません。通勤交通費の負担もありますし、賞与・退職金を支払うのであれば、賞与・退職金の原資の確保も必要です。それに社会保険料（健康保険料・介護保険料・厚生年金保険料・雇用保険料・労災保険料）の会社負担分もあります（社会保険料の計算方法については98ページ参照）。

外注であれば、仕事をしてもらった分だけ費用を支払えばよいのですが、従業員には、仕事があってもなくても、最初に決めた給与は払わなければなりません。最初に無理をした金額を提示してしまうと、先々後悔する場合も。従業員の職務経験を加味して給与を決めたのにもかかわらず、求めた仕事ができなかった場合や、会社の経営状況が悪化した場合などでも、一方的に給与を引き下げることはできません。

給与を決めるときは、最初は無理のない設定にするのが得策です。会社の業績が伸びて、従業員が給与以上の仕事ができるようになったら、昇給をするなり、賞与を出せばいいのです。従業員の同意があれば、いったん決めた給与を引き下げることもできますが、仕事へのモチベーションがグーンと下がるのでリスクは大きいでしょう。

❖ 給与を決めるときのフロー ❖

1. 自社の支払い能力を考える
2. その職種の世間相場を求人票や求人雑誌でチェック
3. 前職がある場合は、前職での給与を聞く
4. 家族構成・経験の確認
5. 最低賃金に抵触していないか確認
6. 昇給・賞与のことも考えて最終決定

❖ 総額人件費の計算例 ❖

（単位：円）

	給与20万円	給与25万円	給与30万円
月給	2,400,000	3,000,000	3,600,000
社会保険料（健康保険・厚生年金・雇用保険・労災保険）	370,000	470,000	535,000
賞与（年間３か月）	600,000	750,000	900,000
賞与社会保険料	83,000	100,000	125,000
交通費（月額２万円）	240,000	240,000	240,000
退職金（月額１万円：中退共加入）	120,000	120,000	120,000
年間会社負担合計	3,813,000	4,680,000	5,520,000

❖ 給与データの参考例がわかるURL ❖

平成22年賃金構造基本統計調査結果（初任給）の概況（厚生労働省）

▶ http://www.mhlw.go.jp/toukei/itiran/roudou/chingin/kouzou/10/index.html

平成22年職種別民間給与実態調査の結果（人事院）

▶ http://www.jinji.go.jp/kyuuyo/minn/minnhp/min22_index.htm

平成21年分民間給与実態統計調査（国税庁）

▶ http://www.nta.go.jp/kohyo/tokei/kokuzeicho/minkan/gaiyou/2009.htm

また、従業員にとって給与は生活の糧です。いくら自社の支払い能力に合わせるといっても、あまりにも低すぎる給与額は考えものです。従業員が以前勤めていた会社での給与、職務経験や年齢、家族構成を配慮したうえで、最低限の生活は保障できる範囲で給与を決めなければなりません。給与額の統計については、インターネットで調べることができますので参考にしてみてください（上表参照）。

給与を決める際、最後にチェックをしたいのは「最低賃金」です。法律で、地域別、産業別に最低賃金が決められています。最低賃金を下回る給与を支払うと法律違反になります。最低賃金については、毎年見直しがあるので、都道府県労働局のホームページで確認するようにしましょう。

ホントクマにする

最初に無理な給与設定はしないこと！　給与を引き上げるのは簡単だが、引下げは原則NG。賞与・昇給で調整する。

②時間給・日給・月給？ 給与の計算単位を決める

「真奈美先生、正社員の給与の払い方って月給しかあり得ないよね？」

「まぁ普通そうやけど、試用期間中は時間給でもええんちゃう？」

「本当？　正社員なのに時間給でもいいの？」

「試用期間中の条件として、時間給っていうのもありやで」

「そうなんだ。正社員だからって最初から月給にしなくてもいいんだね」

給与額が決まったら、給与を計算する単位を決めましょう。「単位」とは、働いた時間で支払う「時間給」なのか、日数で支払う「日給」なのか、月で支払う「月給」なのか、それとも年間いくらと決める「年俸制」なのかということです。

正社員は通常、「月給」が多いですが、中小企業では入社して３か月程度は、「時間給」で給与を払っている会社も多くあります。この際には、求人時に『月給20万円。ただし、試用期間中３か月は時間給１０００円』と提示しておく必要があります。

「時間給」のメリットは働いてもらった時間だけ給与を払えばいいので、遅刻、欠勤があったときの給与計算が簡単だということです。デメリットは、給与計算の際の労働時間の集計に手間がかかることです。

年俸制とは、「賞与も含めた総額を年間いくら払います」という契約方法です。総額に残業代を含めるのであれば、何時間分の残業代が含まれているのか、明確に示す必要があります。ただし、年俸制で給与を決めたからといって、1年に1度まとめて給与を払うことはできません。「給与は毎月1回支払わなければならない」という法律の決まりがあるので、年俸額を12等分して毎月払うことになります。または、一定金額を賞与扱いで支払い、残りの金額を毎月支払うという契約にする場合もあります。

③いつ支払うのか決める！

「真奈美先生、給料の支払い日の決め方って何かルールあるの？」

「この日って決めたら、毎月その日に払わなアカンねんで」

「実は、支払い日を変更したいんだ」

「なんで？」

「従業員が増えてきたし、資金繰りの関係で……」

「そうなんや。変更はできるけど、やっぱり最初によう考えて決めとくほうがええで」

給与をどんな単位で計算して、いくら払うのかが決まったら、次はいつ支払うかを決めます。前述したように、給与は毎月一定の期日に、通貨で直接本人に支払わなければなりません。もちろん、本人の指定する金融機関口座に振り込むことも可能です。

給与の支払い日が決まったら、「締め日」を決めましょう。アルバイトなど時間給の人が増えたときは、計算に時間がかかるので、締め日と支払い日は10〜15日くらい空けるケースが多いようです。

支払い日は、自社の入金サイト（入金から支払いまでのサイクル）を考慮して決めるのがよいでしょう。末日に入金が多いのであれば給与は10日払いにするとか、20日の入金が多いのであれば末日払いにするなどです。従業員数が少ないうちは給与の支払いへの影響も少ないでしょうが、従業員が増えるにしたがって支払い額も多くなるので、資金繰りを考えたうえで給与支払い日を設定しましょう。

いったん決めた給与の締め日・支払い日は、あとで変更することも可能ですが、変更月は給与計算が煩雑になりますので、最初にじっくり検討したうえで決めておいたほうが望ましいでしょう。

④賞与・退職金の支払いをどうするか決める！

「真奈美先生、賞与と退職金は、絶対に払わないとダメなの？」

「雇用契約のときに払うって約束してたら払わなアカンで」

「約束はしてないんだけど」

「いまはどうしてるん？」

「賞与は、会社に余裕があるときだけ出してるんだ」

「そうなんや。それで退職金はどないしてるん？」

「いままで辞めた人には、餞別金程度しか支払ってないんだ」

「なるほどな。小久保さんの規模の会社だったら、いまはそれでいいんちゃう？」

「ホントに？」

「これから人が増えていくようやったら、ちゃんとルールを決めて運用していこか」


賞与と退職金は、支払うか支払わないか、また、支払う場合の基準を決めるのは経営者です。ただし、雇用契約を結ぶ際に従業員に「支払う」と約束をしているのに、支払わないのは法律違反になります。実際、賞与については、業績によって支給額の差はありますが、ほとんどの会社が支給しています。退職金については、最近は廃止する会社が増えています。

従業員数が増えてきたら、賞与の査定基準も明確にする必要があります。なかには経営

❖ 中小企業退職金共済（中退共）のメリット・デメリット ❖

メリット	デメリット
•掛け金は全額損金になり全額非課税扱い	•1年未満で退職をした場合は全額掛け捨てになり、2年未満の退職の場合は元本割れになる
•国の外郭団体が運用しているので安心	•掛け金の増額は自由にできるが減額の際は社員の同意が必要
•掛け金から将来の受給額のメドがつく	•掛け金を担保に融資を受けることはできない
•新規加入や掛け金増額の場合、1年間助成を受けることができる	•懲戒解雇をした場合であっても積み立てた退職金はすべて従業員に支払われる
•中退共に加入している会社間の転職であれば加入期間の通算ができる	•会社で加入する人を選別できない
•管理が簡単である	•中小企業しか加入できないので、資本金や従業員が増えたときには脱退しなければならない

数値を開示して、利益のうちのこれだけの部分を賞与原資にすると明示している会社もあります。賞与の査定を「見える化」することで、従業員の経営参加の気持ちを高める効果もあります。

賞与の査定方法はとくに法律で決められておらず、もちろん最低賃金のような最低基準も決められていません。

賞与にも給与と同様、社会保険料がかかります。毎月の社会保険料とは別に、支払い総額に保険料率を掛けた額を支払う必要があるので、社会保険料も含めたうえで賞与の原資を確保することが必要です。

退職金制度を導入する場合、退職金規定を作成し、なんらかの支払い基準を設ける必要があります。また、退職金の準備方法を考える必要があります。中小企業の退職金の原資を貯める一番ポピュラーな方法は、中小企業退職金共済（前ページ表参照）に加入することですが、そのほか、民間の保険を活用する場合もあります。

中小企業退職金共済とは

中小企業退職金共済とは、中小企業のための退職金の積立てを行なう組織です。掛け金の全額を「損金」で落とすことができます。自社に万が一のことがあったとしても、外部での積立てになるので、従業員の退職金は守られます。この組織は国の外郭団体が運営しているので、倒産する心配はありません。

デメリットは、①加入後1年以内の退職の場合は掛け捨てになってしまうこと、②懲戒解雇をした従業員にも退職金が支払われてしまうことなどです（前ページ図表参照）。

なにわの社労士が教える本当の損得！

【給与設定編】

中小企業の経営者に中途採用者の給与の決め方を聞いてみたところ、「前職の給与を参考にし、既存の従業員とのバランスを考えて決める」という答えが多数でした。

最初に無理な給与設定をしてしまうと、あとで下げることは難しいので、できれば、試用期間を設けて、試用期間中の仕事ぶりを見たうえで本採用の際の給与を決めるという形にしたいものです。

給与を決める際には、社会保険料負担も考慮したうえで設定しましょう（49ページ図表参照）。

2-3 労働時間の設定がキモ！

労働時間を決めるときのルールは、以下の5つがポイントになります。

①法定労働時間は1週間40時間以内、1日8時間以内。それを超えた長時間の仕事をしてもらうときは、時間外協定の締結・提出と時間外手当の支払いが必要
②休憩は就業時間が6時間を超えたら45分以上、8時間を超えたら1時間以上与える
③就業時間や勤務日の変更をするときはあらかじめ告知をする
④休日は1週1日以上必要。無理なときは4週4日も可能
⑤6か月勤務したらアルバイトでも年次有給休暇（以下、有休）が発生する

以下、順番に見ていきましょう。

①法定労働時間を押さえる！

「真奈美先生、労働基準法では1週間に40時間以上働かせたらダメなんだよね」

「原則そやけど、『時間外協定（通称、サブロク協定）』締結したら大丈夫やで」

「そうなの？」

「締結するだけでなく、監督署に届け出やなアカンけど」

「それを出してれば、何時間残業させてもいいの？」

「協定で結べる最大の時間が決まってるねん。1か月やったら45時間以内や」

「あ、そんな数字が書かれてたね」

「労働時間の管理をちゃんとやってや。残業代のこともあるし、過重労働とかになってもアカンからな」

「了解いたしました……」

従業員を働かせることができる時間は、労働基準法で決まっています。これを「法定労働時間」といい、「1週間で40時間以内、1日が8時間以内」になるように労働契約の際に時間設定をする必要があります。

労働時間がどうしても1週間で40時間以内、1日8時間以内に収まらない場合は、「変形労働時間制」を導入することもできます。1か月や1年間で、平均して1週間で40時間以内の労働時間になるように調整をするのです。変形労働時間制の導入のためには就業規則にその旨を記載したり、労使協定（従業員の代表者との労働条件の確認書）を結ぶことが必要になります。

法定労働時間を超えて仕事をさせる場合は、従業員代表と時間外協定を結んで、会社を管轄する労働基準監督署に提出しなければなりません。従業員代表の選出方法としては、経営者側で代表者を指名するのではなく、会議で話し合って選出したり、投票や挙手などによって従業員主体で行なうこととされています。

また、残業をしてもらうからには、必ず残業代を支払わなければなりません。残業代の計算方法については第3章の「給与計算」のところで、残業時間の定義については第4章の「トラブル従業員への正しい対応法」のところで解説します。

URLはもくじにあります。

ダウンロード対応

❖ 時間外労働・休日労働に関する協定届 ❖

時間外労働
休 日 労 働 に関する協定届

【限度時間】
1か月　45時間
1年　　360時間
1日の上限はありません。

	事業の所在地（電話番号）
	△△市××区●●町1－1－1　（○○○－○○○○）

業務の種類	労働者数〔満18歳以上の者〕	所定労働時間	延長することができる時間			期間
			1日	1日を超える一定の期間（起算日）		
				1か月(毎月○日)	1年（○月○日）	
制作	○名	8時間	4時間	45時間	360時間	平成○年
経理	○名	8時間	4時間	30時間	300時間	○月○日から
						1年間

業務の種類	労働者数〔満18歳以上の者〕	所定休日	労働させることができる休日並びに始業及び終業の時刻	期間
制作	○名	土・日	法定休日のうち1ヶ月に○回	平成○年
		祝	始業○時○分～終業○時○分	○月○日から
				1年間

協定の成立年月日　○年　○月　○日

者の過半数を代表する者の　職名　制作担当

氏名　○山　○夫　㊞

合）の選出方法　（　話し合いにより選出　）

使用者　職名　株式会社○○　代表取締役

氏名　小久保　隆　㊞

協定期間の開始日までに協定を成立させること

選出方法を必ず記載すること

事業所の所在地を管轄する労働基準監督署に提出すること

事業の種類	事業の名称
WEBサイト制作	株式会社　○○

	時間外労働をさせる必要のある具体的事由
①下記②に該当しない労働者	臨時の受注・納期変更
	決算業務
②１年単位の変形労働時間制により労働する労働者	

休日労働をさせる具体的事由
臨時の受注・納期変更

協定の当事者である労働組合の名称又は労働

協定の当事者（労働者の過半数を代表する場

年　　月　　日

○○　労働基準監督署長殿

従業員の過重労働に注意

現在、過重労働による精神疾患や脳・心臓疾患の発生が増えています。時間外協定を締結する場合、１か月の時間外労働の上限は45時間とされています。１か月45時間以内の時間外労働であれば、万が一、従業員が脳・心臓疾患になった場合に、業務との関連性は薄いと判断されるのですが、時間外労働が80時間を超えると、業務と疾患との関連性がきわめて高いと判断されます。こうなると、会社は従業員に対する安全配慮義務を怠ったということで、遺族から損害賠償請求を受ける可能性が高くなります。

❖ 過労死認定基準 ❖

（労働時間評価の目安と脳・心臓疾患発症の因果関係）

時間外労働が

月100時間を超える、または発症前2～6か月間に1か月あたり80時間を超えると…	▶	業務と発症との関連性が強い
発症前1～6か月間に1か月あたり45時間を超えると…	▶	時間外労働が長くなるほど業務と発症との関連性が強まる
発症前1～6か月間に1か月あたり45時間以内なら…	▶	業務と発症との関連性が弱い

電通過労自殺事件（2000（平成12）年3月24日最高裁判決）では、過重労働により、うつ病を発症し、自殺した従業員に対して、最高裁は、雇用主としての会社の安全配慮義務違反があり、損害賠償責任があるとの判断を示しました。その後、和解により、会社は遺族に対し1億6850万円の損害賠償金（遅延損害金を含む）の支払いをしています。

残業が恒常的に多くなるようなら、従業員を増やすなどして、従業員1人あたりの負担を減らす工夫をしたり、業務フローの見直しを行ないましょう。

ホントクにする

自社の労働時間の実態を把握し、残業時間が月45時間を超えるようなら、業務フローや人材配置の見直しが必要。働かせすぎによる「過労死」が起きてしまってからでは遅い！

②休憩時間は就業時間の長さで変わってくる

「真奈美先生、休憩時間は法律ではどうなってるの？　パートさんとか労働時間が短い人も同じ扱いになるの？」

「労働時間によって、与えなアカン休憩時間は決まってるねん」

「そうなんだ。具体的には？」

「1日の労働時間が6時間を超えるときは、就業時間の途中に45分以上の休憩で、8時間を超える時は60分以上になるねん」

「それより長く与えるのは、かまわないの？」

「それは、かまへんで」

「休憩のことで何か気をつけることある？」

「ちゃんと休めるようにすることやね。電話番とかさせたらアカンで」

「あっ！　たまにあるかも。今後、気をつけます」

休憩時間は、労働時間に応じて与えなければならない時間が決まっています。1日の労働時間が6時間を超える場合は、その間に45分以上の休憩を、8時間を超える場合は、その間に1時間以上の休憩を入れることが必要です。休憩を分けて取らせたり（たとえば、昼休みは45分で午後3時に15分など）、一定要件を満たした場合に交替で休憩を与えることは可能です。

休憩時間に電話番をさせるのはNGです。休憩時間は、従業員が自由に利用できる時間にしなければなりません。

昼休みにはほとんど電話が鳴らないというケースでも、電話番は「手待ち時間」という「労働時間」になるので、「休憩時間」にはなりません。事務員が自分の席でお弁当を食べるということもあるでしょうが、電話が鳴った場合は経営者や管理職が率先して取るなどの配慮が必要です。どうしても電話番が必要なときは、交替で休憩を取らせるようにしましょう。

③就業時間や勤務日の変更をするときの注意点

「真奈美先生、就業時間は一度決めたら、あとで変更できないの？」

「できるけど、そのときだけの変更か、ずっと変更かどっちなん？」

「今回はその日だけなんだけど」

「従業員さんの同意を得て変更してもらうか、残業・早出で対応するかやな」

「なるほど。残業や早出で対応っていうものできるんだね」

「頻繁に変更がある場合は、最初に雇用契約を結ぶときに言うといたほうがええよ」

「これからそうします！」

就業時間や勤務日を、業務の都合で変更することは可能です。ただし、１週間で40時間以内、１日８時間以内の労働時間に収まるかどうかの確認が必要です。変更することで法定労働時間を超えてしまう場合は、超えた時間について、時間外割増賃金（残業代）の支払いが必要になります（残業代の計算方法は95ページ図表参照）。

変更する可能性がある場合は、あらかじめ雇用契約書や就業規則に、その旨を記載しておきましょう。

④休日は どのように設定する？

「真奈美先生、うちは週休2日だけど、祝日のある週の土曜日に出てきてもらうのはあり？」

「ありやで。法律で決まってる休みは1週で1日でええねん」

「え、そうなんだ。それじゃあ、週1回、日曜日だけ休みでも大丈夫？」

「休日の規定だけ考えたらそやけど、週休1日やったら、1週間で40時間以内の法定労働時間に収まらへんのちゃう？」

「あ……、そっか。1週間で40時間以内っていうのも気にしないとダメなんだよね」

「それに、最初の雇用契約のときに、土・日・祝は休みって決めてたんやったら、従業員にとって不利益な変更になるし、同意が必要やで」

「なるほど。もう一度考えてみるよ」

法定休日は1週間に1日以上、もしくは一定の要件を満たした場合は4週間で4日以上となっています。しかし、1週間で40時間以内という法定労働時間を考慮すると、1日8時間労働の場合は、週休2日にしないと法定労働時間内には収まらないことになります。

1か月に2回程度は土曜出勤をしてもらいたいという場合は、1日の労働時間を7時間、もしくは7時間半にして、「1か月単位の変形労働時間制」を導入すれば法定労働時間をクリアできます。この制度は「1か月を平均して1週間40時間以内、1日8時間以内の労働時間にする」という仕組みで、導入するためには従業員代表と協定を結び労働基準監督署への届出を行なうか、制度導入について就業規則に記載する必要があります。

また、日曜日や祝日を必ず休日にしなければならないという法律の規定はありません。何曜日を休みにするかは、会社が自由に決めることができます。年中無休で営業を行なう場合は、シフト制にして交替で休んでもらうということになります。最初の契約の際に休日については何曜日を休みにするのか、もしくはシフト表で休みを決める（その場合は1か月に何日休みなのか）をきちんと決めておく必要があります。

なお、法定休日に出勤をしてもらうと、「休日割増賃金」の支払いが必要になります（休日割増賃金の計算方法は95ページ図表参照）。

⑤アルバイトでも6か月勤務したら年次有給休暇（有休）が発生する

「真奈美先生、アルバイトでも年次有給休暇があるってホント？」

「ホンマやで。アルバイトでも長く勤めてたらあるよ！」

「そうなんだ……。日数は正社員と同じってことはないよね？」

「有休の付与日数は雇用形態じゃなくて、勤務日数で決まるねん」

「というと？」

「アルバイトでも週5日勤務の人やったら、正社員と同じ付与日数になるってこっちゃ」

「え、そうなの？」

「でも6か月以上継続して勤務して、初めて有休が発生するから、短期間のアルバイトやったら、関係ないんちゃうん？」

「あ、そうだよね」

❖ 年次有給休暇の付与日数 ❖

年次有給休暇の付与日数は法律で最低限の日数が決められている。

◆一般の労働者

（週の所定労働日数が5日以上、または週の所定労働時間が30時間以上）

勤続勤務年数	0.5年	1.5年	2.5年	3.5年	4.5年	5.5年	6.5年以上
付与日数	10日	11日	12日	14日	16日	18日	20日

◆所定労働日数が少ない労働者

（週の所定労働日数が4日以下、かつ週の所定労働時間が30時間未満）

週所定労働日数	1年間の所定労働日数※	勤続勤務年数ごとの付与日数						
		0.5年	1.5年	2.5年	3.5年	4.5年	5.5年	6.5年以上
4日	169日～216日	7日	8日	9日	10日	12日	13日	15日
3日	121日～168日	5日	6日	6日	8日	9日	10日	11日
2日	73日～120日	3日	4日	4日	5日	6日	6日	7日
1日	48日～72日	1日	2日	2日	2日	3日	3日	3日

※週以外の期間によって、労働日が定められている場合

年次有給休暇の付与日数は、法律で最低限の日数が決められています。

従業員から有休取得を請求された場合は、よほど業務に支障がない限り、断ることができないのが原則。有休取得の理由によって認めたり、認めなかったりすることはＮＧです。たとえば、有休取得の理由が「親の看病」であれば認めて、「スキーに行く」であれば認めないなどの取扱いはできません。

業務の都合上、どうしてもその日に休まれたら困るというときに有休の取得を断る場合は、従業員に別の日を指定しなおしてもらう必要があります。

有休は、正社員であれ、パートであれ雇用形態には関係なく、６か月以上勤務して、その間本人の労働日の８割以上出勤すれば権利が発生します。有休取得をした従業員に対して、不利益な取扱いをしてはいけません。また逆に、有休を取らない従業員に対して有休の残日数を買い取ることも禁止されています。この理由は、有休制度というのはあくまでも「休んでもらう」ことを目的にしているので、買上げ制度を設けることで、従業員が「有休は休まずにお金に替えてしまおう」という意識が生まれると、本来の法の趣旨にそぐわないことになるからです。

なにわの社労士が教える本当の損得!

【労働時間編】

最近、労働時間をめぐるトラブルが増えています。この労働時間の問題には、長時間労働で精神疾患や脳疾患になってしまったというような身体的リスクの問題と、残業代支払いにかかわるトラブルなど金銭的リスクの問題の2つがあります。

万が一、従業員が過労死してしまった場合、最近の訴訟では1億円程度の損害賠償請求が遺族から会社に対してなされています。業種によっては、どうしても労働時間が長くなりがちな会社がありますが、経営者は長時間労働のリスクをきちんと把握すべきです。

また、未払い残業代について、労働者が労働基準監督署に駆け込むという事例が多発しています。残業代を支払わなくて済む方法は、「残業をさせないこと」しかありません。労働時間の管理をしっかり行なうことがコスト削減の第一歩といえます。

2-4 どこで何をしてもらうのかを伝える

「真奈美先生、給与、労働時間、休日の設定のほかに、雇用契約書に書くことは？」

「そやな。あとはどこで働いてもらうのかと、何の仕事をしてもらうのかの約束をしとかなアカンな」

「何の仕事っていわれても、うちみたいな小さい会社は何でもやってもらわないと困るんだけど」

「何でもっていうても、おおよその仕事内容は伝えとかなアカンで」

「その人が担当するメインの業務を伝えるってことだね」

「そうそう。そやなかったら、あとで『自分はもっとこんな仕事ができると思ってた』っていう話になるからな」

「なるほど。あと、どこで働いてもらうかなんだけど、今後、事務所の移転を考えているときはどうすればいいの？」

「それは雇用契約を結んだ時点で決まってる勤務場所でええよ。移転を考えてるんやったら、それは最初に言うといたほうがええで」

仕事の内容と就業場所をきちんと伝える

従業員の退職理由で多いものの1つは、「最初に思っていた仕事の内容と違った」というものです。せっかく時間とコストをかけて採用をしたのに、少し慣れた頃に退職をされると、業務にも支障が出ますし、ガックリきますよね。

そうならないためにも、まずは最初の面談のときに、やってほしい業務内容と従業員がやってみたい業務内容のすり合わせを行なうべきです。従業員が希望する仕事を最初からさせることは、能力・経験などから難しい場合も多いでしょう。ただ、「将来はこうなる」

というステップを示すだけでも、従業員の定着率はかなり変わってきます。

また、職務内容と給与は連動しているはず。たとえば、「『事務』と聞いていたので月給18万円で承諾したが、実は営業の仕事もありノルマまで課せられた。それで事務員と同じ給与ではやってられない」ということも起こり得ますので、最初の段階で担当業務はできるだけ限定して伝えるべきです。この事例のように途中で職種が変わる場合は、たとえば「営業手当」をつけるなどで仕事内容と給与のバランスを整えることもできます。

就業場所についても正確に伝えることが必要です。店舗経営などの場合は、本社と店舗の所在地が離れているケースが多いので、採用時に就業場所を正確に伝えておかないとトラブルになることも。とくにパート・アルバイトの場合は、住居や学校の近くの職場を探す傾向があり、就業場所がどこなのかは重要なポイントです。将来、就業場所が変わる可能性がある場合も、あらかじめその旨を伝えておきましょう。

2-5 雇用契約書を作成してみる！

「真奈美先生、ここまでやれば雇用契約書を作れるね。いままでみたいに口約束だけだとダメなんだよね」

「そやで。雇用契約の内容は書面にせなアカンねんで」

「それって法律で決まってることなの？」

「労働契約法っていう法律で決まってるねんで」

「盛り込まなければならない内容も決まってるの？」

「そっちは労働基準法で書面で明示せなアカン労働条件が決まってるねん」

「そうなんだ。いろいろあって面倒だね」

「でも後々、『ああ言うた』『こう言うた』で、もめることを考えたら最初に書面を作っといたほうが絶対にええで」

「たしかにそうだよね。じゃあ、さっそく作ってみるね」

雇用契約書を作成しましょう!

人を雇うときの条件が決まったら、雇用契約書を作成しましょう。あとでトラブルになる原因は、口頭での約束でお互いの認識が違っていることがほとんどです。あとで「あのときはこう言った」と主張しても、書面に勝る証拠はありません。

雇用契約書などで労働条件を明示する際に必ず記載しなければならない事項は80ページ表のとおりです。「口頭の明示でもよい事項」も参照のうえ、あわせて確認しておいてください。

契約社員の採用など雇用契約の期間を定める場合は、契約更新の可能性の有無や、契約更新の際の条件なども明記する必要があります。試用期間を設ける場合は、試用期間の長

URLはもくじにあります。

ダウンロード対応

❖ 雇用契約書（例）❖

雇 用 契 約 書

<table>
<tr><td colspan="4">平成　　年　　月　　日
○○　○○　殿
△△株式会社
○○市××区○○町１－１－１
代表取締役　××　××　㊞</td></tr>
<tr><td>契約期間</td><td colspan="3"></td></tr>
<tr><td>就業の場所</td><td></td><td>従事すべき
業務の内容</td><td></td></tr>
<tr><td>始業、終業の時刻
及び休憩時間</td><td colspan="3">始業（　　時　　分）終業（　　時　　分）
休憩時間（　　時　　分～　　時　　分　　　分間）</td></tr>
<tr><td>所定時間外労働の有無</td><td colspan="3">所定時間外労働の有無（ 有　無 ）</td></tr>
<tr><td>休日</td><td colspan="3"></td></tr>
<tr><td>休暇</td><td colspan="3">１．年次有給休暇　６か月以上継続勤務した場合　→　　日
２．その他の休暇　（　　　　　　　　）</td></tr>
<tr><td>賃金</td><td colspan="3">１．基本給　月　給　（　　　円）
２．諸手当　○○手当（　　　円）△△手当（　　　円）
３．賃金締切日　毎月　　日
４．賃金支払日　毎月　　日（休日にあたるときは　　　　）
５．賃金支払い方法　従業員の指定する銀行口座に振り込む
６．賞与の支給　　有　（　　月と　　月）無
7・退職金の支給　有　　無</td></tr>
<tr><td>退職に関する事項</td><td colspan="3">１．定年　　　　○歳
２．自己都合退職の手続き　　退職する　○日前に届け出ること
３．解雇の事由
　１）心身の故障により業務に耐えられないとき
　２）勤務成績、職務遂行能力または能率が著しく不良で、改善の見込みがなく、従業員としてふさわしくないと認められたとき
　３）きわめて軽微なものを除き、職場内における盗取、横領、傷害等刑法犯に該当する行為があったとき
　４）会社の休廃止または縮小その他事業の運営上やむを得ない事情により、従業員の削減が必要となったとき</td></tr>
<tr><td>社会保険</td><td colspan="3">厚生年金　　健康保険　　雇用保険　　労災保険</td></tr>
</table>

※この契約書に記載されていない内容についてはその都度協議を行なう。（注）就業規則がある会社の場合は、「定めのない事項については就業規則による。」とする。

上記契約内容に同意します。

平成　　年　　月　　日　　従業員住所

従業員氏名　　　　　　　　印

❖ 労働条件の明示 ❖

書面の交付による明示事項	口頭の明示でもよい事項
①労働契約の期間 ②就業の場所・従事する業務の内容 ③始業・終業時刻、所定労働時間を超える労働の有無、休憩時間、休日、休暇、交替制勤務をさせる場合は就業時転換に関する事項 ④賃金の決定・計算・支払の方法、賃金の締切り・支払の時期に関する事項 ⑤退職に関する事項（解雇の事由を含む）	①昇給に関する事項 ②退職手当の定めが適用される労働者の範囲、退職手当の決定、計算・支払の方法、支払の時期に関する事項 ③臨時に支払われる賃金・賞与などに関する事項 ④労働者に負担させる食費・作業用品その他に関する事項 ⑤安全衛生に関する事項 ⑥職業訓練に関する事項 ⑦災害補償、業務外の傷病扶助に関する事項 ⑧表彰、制裁に関する事項 ⑨休職に関する事項

さと、労働条件が試用期間中は異なる場合は、その内容も明記したほうがよいでしょう。

　雇用契約書は2通作成し、それぞれ従業員にも捺印してもらい、1通ずつ所有しておくようにしましょう。

　また、雇用契約書を交わす際に、秘密保持誓約書等にもサインをしてもらっておいたほうがよいでしょう。万が一、従業員が原因で情報漏えいが発覚した場合、秘密保持誓約書にサインがあっていても全面的に従業員の責任を追及することはできませんが、そうした事故を未然に防ぐ効果があります。この抑制効果が重要なのです。

URLはもくじにあります。

❖入社時の誓約書（例）❖

ダウンロード対応

誓　　約　　書

○○株式会社
代表取締役　○○　○○　殿

私は貴社の従業員として入社するにあたり、貴社の就業規則及び服務に関する規定を遵守し、在職中ならびに退職後も下記事項もしくはそれに類する行為を行なわないことを誓約いたします。

もしこれに違反した場合は、貴社より損害賠償請求を含むいかなる処置を受けても異議はございません。

記

1．業務上知り得た貴社、取引先、他の従業員の個人情報等の機密を他者へ洩らす、もしくは洩らそうとすること
2．勤務時間中、社長もしくは上司の了解を得ずに職場を離脱または放棄すること
3．職務に関連して自己の利益を図り、または他より不当に金品を借用し、もしくは直接・間接に供応や贈与を受けること
4．貴社および他の従業員の名誉・または信用を傷つける行為、または利益を害する行為をすること
5．許可なく職務以外の目的で貴社の施設、設備、その他の物品等を使用・持ち出しすること

なお、本規定は試用期間中も含む。
上記内容のすべてを確認し、ここに署名・捺印いたします。

平成　　　年　　　月　　　日

住　所

氏　名　　　　　　　　　　　　印

保証人　　　　　　　　　　　　印

ポイント

第2章 正しい雇用契約の基本を知る！ のまとめ

1 雇用契約をする際に知っておきたい給与・労働時間の法律を押さえておく！　最初の約束が肝心！

2 給与を決めるときは無理せずに！　賞与や昇給で調整する。

3 労働時間の制約を知っておく。

4 書面にして提示しなければならない事項を押さえておく。

第3章

ホンマにトクする給与計算・社会保険の最大限活用法！

この章で学べること

- 給与計算の基本
- 給与を決めるときに知っておきたいルール
- 社会保険・労災保険・雇用保険の使い道
- 社会保険料のプチ節約術

3-1 知っておきたい給与計算のポイント

「真奈美先生、給与計算で注意しないといけないことって何？」

「ひと言で言うたら『払うもんは払う、そして勝手に引かない』やな」

「え、どういうこと？」

「雇用契約のときに決めた給料をちゃんと払う。残業代も払う。社会保険料や税金以外は勝手に引いたらアカンってこっちゃ」

「残業代の計算とか、社会保険料の計算って面倒だよね」

「そやな、まぁややこしいけど、基本を知ればたいしたことないで」

❖ 賃金支払い五原則 ❖

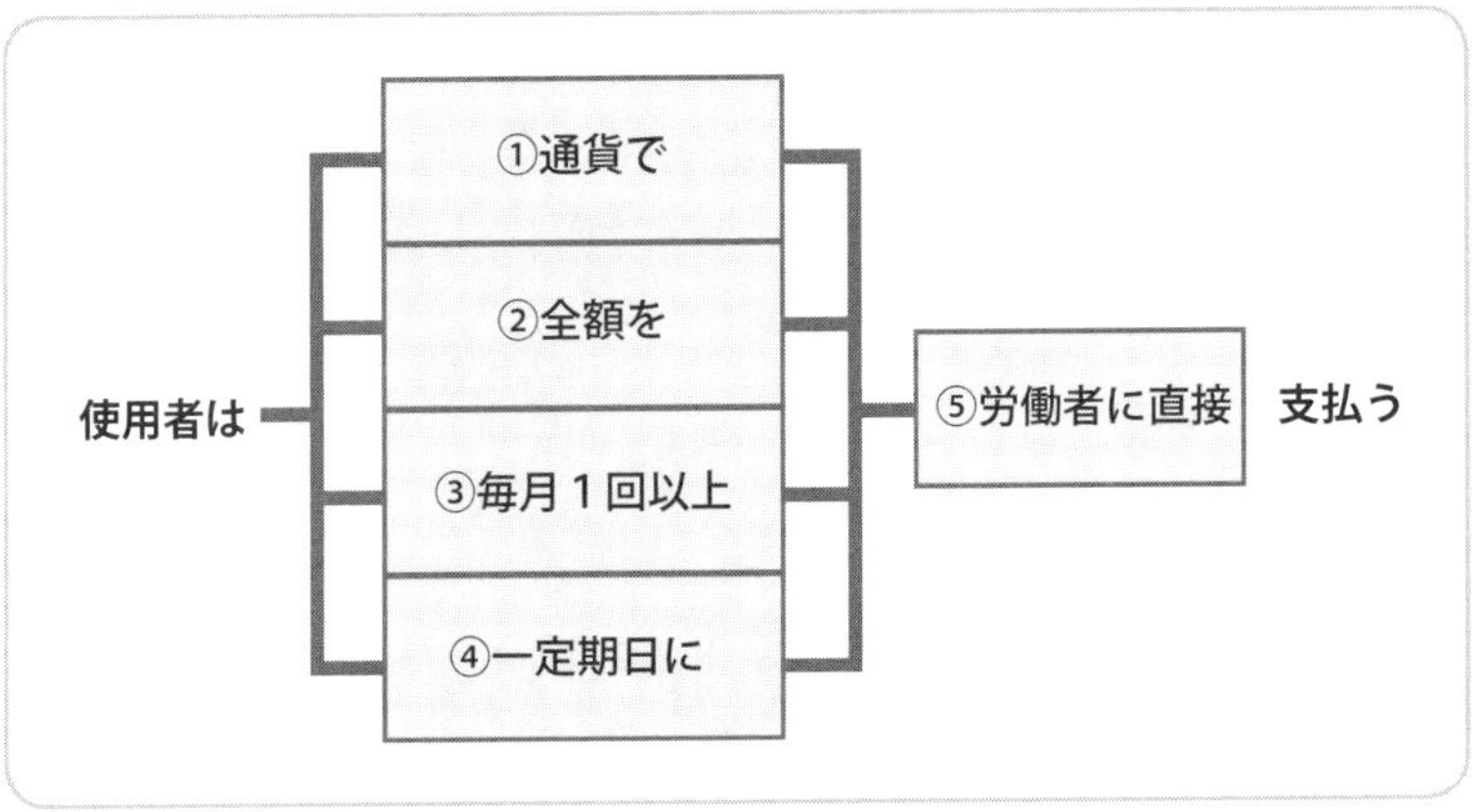
使用者は
①通貨で
②全額を
③毎月１回以上
④一定期日に
⑤労働者に直接
支払う

知っておきたい給与に関する法律

給与の支払いについては労働基準法第24条に「賃金支払い五原則」が定められています。支払い日を決め、月1回、通貨で、その全額を直接本人に支払うという決まりです。

税金や社会保険料などの法律で決められているもの以外、たとえば、弁当代や社内旅行の積立金などを勝手に給与から差し引くことはできません。税金・社会保険料以外のものを天引きする場合には、「賃金控除に関する協定書」を従業員代表と結ぶ必要があります。

この協定書は、労働基準監督署への届出は必要なく、会社で保管することになります。

URLはもくじにあります。

❖ 賃金控除に関する協定書 ❖ ダウンロード対応

賃 金 控 除 に 関 す る 協 定 書

株式会社○○ と 従業員代表 ○山 ○夫 は労働基準法第２４条第１項但書に基づき賃金控除に関し、下記のとおり協定する。

記

１．株式会社○○ は、毎月25日、賃金支払の際、次に掲げるものを控除して支払うことができる。

（１）貸付金の月返済金

（２）親睦会費

２．この協定は 平成 ○ 年 ○ 月 ○ 日 から有効とする。

３．この協定は、いずれかの当事者が 90日前 に文書による破棄の通告をしない限り効力を有するものとする。

平成 ○ 年 ○ 月 ○ 日

使用者職氏名 株式会社○○
代表取締役 小久保 隆 印

従業員代表 ○山 ○夫 印

給与の構成を決めるときのポイント！

「真奈美先生、うちの給与は、基本給と通勤費しか払ってないんだけど『手当』って必要なのかな」

「いや、絶対必要ではないで。給与の構成は会社で決めたらええねん。基本給だけでもかまへんで」

「でも、前にいた会社は『家族手当』とか『住宅手当』とかいろいろあったよ」

「昔は終身雇用が前提やったし、従業員の家族も含めて会社が面倒を見る、的な感じがあったけど、いまは変わってきてるからな」

「そうなんだ」

「今後、役職者が出たら役職手当とかは作っていってもいいんちゃうかな」

「わかったよ。またそのときは相談に乗ってね」

◆手当は必要か？

各種手当は、会社で支払いの条件を決めることができます。手当なしで、全額基本給として給与を支給しても支障はありません。一般的に支給が当たり前だと考えられている通勤手当でさえ、支給するかしないかは会社の自由。最初の契約で決めることができます。たとえば、通勤手当の上限を月額1万円まで、と決めてしまうこともできます。

ただし、通勤手当を通勤距離に関係なく一律で支給する場合で、その金額が実費を上回る場合は、上回る部分について課税扱いになりますので注意が必要です（通勤手当の実費分は一定金額までは非課税扱い）。

一般的には、扶養家族の人数に応じて家族手当を支給したり、役職に応じて役職手当をつけている会社が多いようです。遅刻・欠勤を防ぐために皆勤手当を支給している会社もあります。

従業員の人数が増えてくると、給与のバランスが悪くなる場合があります。たとえば、求人難のときに採用した人は、募集時の給与設定が高いので、おしなべて給与が高く、逆に求人が容易なときに採用した人の給与は、抑え気味になっているなどです。

従業員の人数が増えてきたら、年齢給や勤続給としての「基本給部分」と、それぞれの職務遂行能力に応じた「職務給」とに分ける方法もあります。職務給を導入する場合の注意点は、①職務の基準を明確にすること、②新しい給与体系に移行した場合に大幅に給与が下がる人がいる場合は、しばらく「調整給」を支給して急激な給与額ダウンに配慮することなどです。

◆残業代をあらかじめ手当で支給する方法も！

最近の傾向として、毎月一定時間の残業代を「みなし残業代」として、あらかじめ○○手当（「業務手当」や「みなし残業代」など）として支払ってしまう会社が増えています。たとえば、最初に労働条件を決める際に、「1か月に20時間の残業があります。残業をしてもらって総額で給与は20万円です」と決めるようなケースです。

みなし時間で一定額の残業代を支払う約束をした場合、残業が20時間に満たない場合でも、みなし残業代は全額支払う必要があります。余ったみなし残業時間の繰越しはできません。逆に、みなし時間より残業時間が長い場合は、みなし時間を超えた時間分の残業代を支払う必要があります。

ここで、基本給が20万円で契約した場合と、20時間分の残業代込みで月給20万円で契約

❖ 残業が発生した場合の総支給額の対比 ❖

		給与額（円）	時間単価（円）（基本給※÷１か月の平均労働時間）	残業時間単価（円）（時間単価×1.25）	総支給額（円） 残業時間（時間） 10	20	30	40
例1	基本給	200,000	1,256	1,570	215,700	231,400	247,100	262,800
例2	基本給	170,000	1,068	1,335	200,000	200,000	213,350	226,700
	みなし時間外手当（20時間分）	30,000						

※このケースでは、月給は基本給のみとしていますが、各種手当がある場合は手当も含めて計算します（みなし時間外手当・通勤手当・家族手当・住宅手当・教育手当・別居手当などは除く）。

した場合で、残業が発生した場合の総支給額を比較してみましょう。

上表から、同じ月額20万円の給与で契約していても、総支給額にみなし残業代が含まれているほうは時間単価が低くなるので、当然、みなし残業時間を超えた場合の給与の増え方もゆるやかになります。

みなし残業代を給与に含めるときのポイントは、「最初の雇用契約でどのような約束をしていたのか」です。最初の雇用契約で、「1日8時間労働、1週間で40時間労働に対して給与を月額20万円支払います」と約束した場合は、約束以上の労働時間が発生した場合は、きちんと残業代を別に支払わなければなりません。

しかし、最初から、ある一定時間の残業が見込まれる場合に、「残業をしてもらう分も含めて月額20万円」と約束しているのであれば、みなし残業代を給与に含めることも可能です。その場合は、基本給の額と、みなし残業代は何時間分なのか明示しておきます。

また、「時間単価が最低賃金を割っていないか」「みなし労働時間が時間外協定で決めた時間内に収まっているか」を確認する必要があります。ちなみに、時間外協定を結ぶ際に1か月の時間外労働時間の限度基準は45時間です（1年単位の変形労働時間を採用している場合は42時間）。

ホンマにトクする

業態によって明らかに残業がある場合は、一定時間の残業代込みで月給を決めることも可能。ただし、①基本給と残業代相当分をきちんと分けること、②何時間分の残業になるのかを明示することが必要。昇給した場合、残業代の単価も変わるので見直しが必要。

【みなし残業代編】

「みなし残業代」の手法は、最近多く取り入れられています。取り入れる際の注意事項としては、

①就業規則（賃金規定）や雇用契約書に、○○手当はみなし残業代であると明記して、何時間分の残業代にあたるのかをきちんと書くこと

②みなし残業時間の上限は、時間外協定に書いた1か月の時間外労働の上限時間とすることが望ましい

③みなし残業時間の繰越しはできないこと

④みなし残業時間以上に残業した場合は、残業代をきちんと払うこと

などがあげられます。

みなし残業代を取り入れることで、残業単価も下げることができます。

残業代の計算方法は？

「真奈美先生、残業代は、つねに時間単価に１・２５を掛けて計算するんだよね」

「そんなことないで。時間単価をそのまま払えばええときもあるねんで」

「え、そうなの？」

「所定労働時間の短い会社やったら、法定労働時間内の残業と法定労働時間外の残業に分けて計算できるねん」

「所定？　法定？　なんだかややこしいな」

「『所定』いうたら会社が決めた労働時間。『法定』いうたら例の１週間で40時間以内、１日８時間以内っていうやつや」

「そうなんだ。もう少し詳しく教えてよ」

実は、残業代には2種類あります。時間単価そのままの残業代と、時間単価に1・25を掛けた割増賃金です。単純に、残業代＝割増賃金と考えている人も多いのでは。まず、「所定労働時間」と「法定労働時間」の違いを知っておきましょう。

「所定労働時間」とは、それぞれの会社で決めた労働時間で、「法定労働時間」というのは労働基準法で決められた「1週間で40時間以内、1日8時間以内」という決まりです。労働基準法で決められた割増賃金は「所定労働時間」ではなく、「法定労働時間」を超えた場合に支払わなければならないものなのです。

「所定労働時間」が1日8時間の会社であれば、「所定労働時間」＝「法定労働時間」となります。この場合は、「所定労働時間」（法定労働時間）を超えた時間については、時間単価に1・25以上の率を掛けた割増賃金を支払わなければなりません（注・97ページ参照）。

ところが、所定労働時間が1日7時間の会社であれば、1時間の残業は法定労働時間内の残業になるので、1時間分の残業代の単価は割増賃金ではなく、通常の時間単価でよいのです。

❖ 残業代（時間外手当）の計算方法（残業１時間あたり）❖

法定労働時間内残業　時間単価×1.00
法定労働時間外残業　時間単価×1.25（注・97ページ参照）
深夜労働（22時～ 5時）　時間単価×0.25（上乗せ）

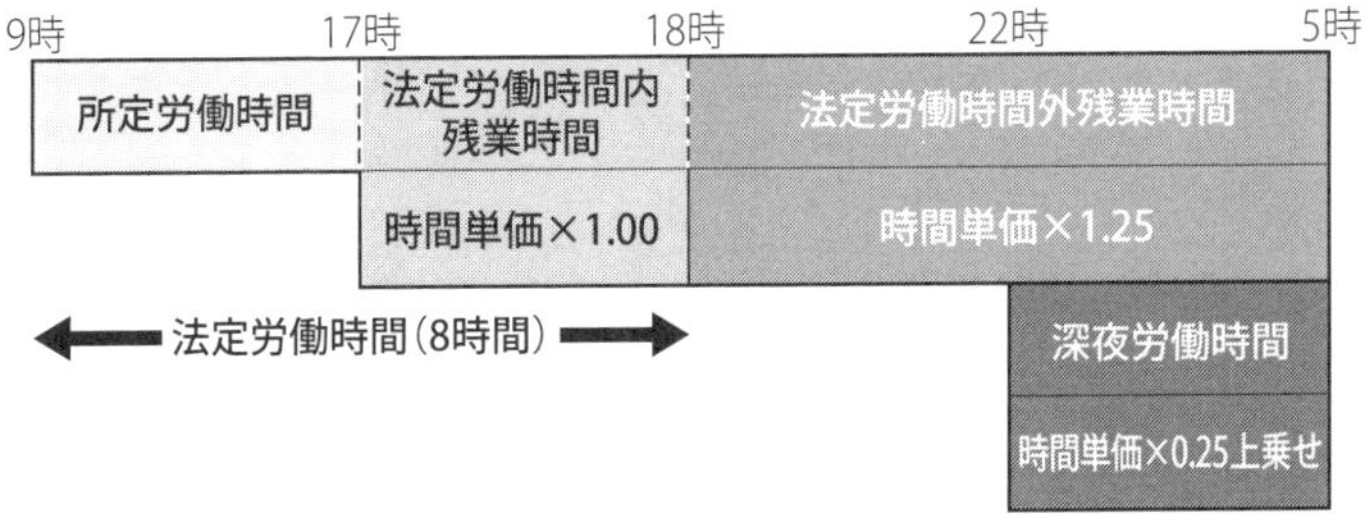

法定休日労働（週1回の休日）
時間単価×1.35

法定外休日労働（週1日以外の休日）
時間単価×1.25（注・97ページ参照）

月	出勤		
火	出勤		
水	出勤		
木	出勤		
金	出勤		
土	出勤	法定外休日労働	時間単価×1.25
日	出勤	法定休日労働	時間単価×1.35

※法定休日は、曜日を特定する必要があります。

◎時間単価　時間給：そのまま
日　給：日給÷1日の所定労働時間
月　給：（基本給＋諸手当（＊））÷1か月の平均所定労働時間
（もしくはその月の所定労働時間）

（＊）手当はみなし残業手当・通勤手当・家族手当・住宅手当・教育手当・別居手当除く

休日出勤をした場合の代休と振替休日の違い

休日出勤をしてもらった場合、代休を取ってもらうことがほとんどでしょう。「代休」と「振替休日」の違いは知っていますか？

「代休」とは、まず休日出勤が先にあり、出勤してから、あとで代わりの休みを取るという形になります。この場合は、休日出勤について割増賃金を支払う必要があります。代休日についての賃金の支払いは、払っても払わなくても、どちらでも構いません。

一方、「振替休日」というのは、あらかじめ労働日と休日を入れ替えるという方法です。元の休日の出勤について割増賃金の支払いは必要ありませんが、同一週に振替休日を指定できない場合は週の法定労働時間を超えることになりますので、法定労働時間を超える時間については割増賃金の支払いが必要になります。

ホンマにトクする

法定労働時間内残業と法定労働時間外残業の単価は違います！
また、法定休日労働と法定外休日労働の単価も異なります。

なにわの社労士が教える本当の損得！

【残業代の計算方法編】

残業代の計算方法が２種類あるということは、意外と知られていません。１日の所定労働時間が７時間の会社で、「所定労働時間外については１・２５増しの残業代を支払う」という文言が就業規則にあるケースも多いでしょう。

変形労働時間制を採用している場合は、「法定内労働時間」の考え方が変わります。「所定労働時間」＝「法定労働時間」となっているケースがほとんどですので、注意が必要です。

※注　ちなみに大企業の場合、1か月60時間を超える法定時間外労働に対する割増賃金率は50％以上となります。

社会保険料の計算のポイント!

「真奈美先生、社会保険料ってコロコロ変わって計算が面倒だよね」

「どんなときに変わるかは決まってるねん。それさえ知っとけば大丈夫やで」

「どんなときに変わるの?」

「保険料率そのものが変わるときと、従業員の給料が変更になったことで変わるときと2パターンや」

「そうなの?」

「変更になる時期は決まってるから、それを頭に入れといたらええねん」

◆健康保険料・厚生年金保険料の計算方法

社会保険料(健康保険料・厚生年金保険料)は、社会保険加入時に「資格取得届」で届け出

(2011年8月現在)

厚生年金一般
80.29/1000
15,255
16,058
17,663

❖ 社会保険料標準報酬月額表の見方 ❖

標準報酬					保険料（被保険者負担分）	
等級		月額	日額	報酬月額	健康保険	
健	厚				介護なし	介護あり
					47.8/1000	55.35/1000
16	12	190,000	6,330	185,000 以上195,000未満	9,082	10,516
17	13	200,000	6,670	195,000 以上210,000 未満	9,560	11,070
18	14	220,000	7,330	210,000 以上230,000 未満	10,516	12,177

※社会保険料は平成23年8月現在の保険料（協会けんぽ大阪支部に加入）で計算

例）給与総支給額（通勤手当含む）が20万円の人なら…（40歳未満の場合）

た給与の額を「標準報酬月額表」に当てはめて保険料を計算します。40歳以上の人の場合は、介護保険料と合わせた金額になります。

社会保険料は、毎月の給与の額が変動しても一定額です。入社時のほかは、4月・5月・6月に支払われた給与の総額（残業代・交通費含む）の平均値から計算した保険料が、その年の9月から翌年8月までの保険料額となります。

なお平成23年度より、業種や職種の特性上、4〜6月にかけてが繁忙期となり、残業代の支給により他の時期と比べて著しく給与の支払い総額が多くなる場合に限り、次の方法でも保険料の算定が行なわれることになりました。

4月・5月・6月の給与の支払い総額と、前年7月〜当年6月までに支払われた給与の総額の平均を比べ、標準報酬月額が2等級以上の差がある場合は、後者の額を報酬月額として保険料が決定されます（別途申立書等の作成が必要）。

4月・5月・6月の給与の届け出を「算定基礎届」といいます。この届けは、毎年7月10日までに年金事務所に届け出なければなりません。

そのほか、基本給や通勤手当、住宅手当などの固定給が大幅に変動した場合は、変動した月から4か月目以降の社会保険料が変更になります。「大幅に変動」とは、標準報酬月額表に当てはめた等級が2等級以上変更になる場合です。この場合は、「月額変更届」を年金事務所に届け出ます。

社会保険料は、会社と従業員が折半で負担します。保険料は翌月末日払いです。従業員の給与からの保険料の控除については、社会保険加入月から開始をしても翌月から開始をしても構いません。

社会保険料は、月末最終日に在籍している従業員の分の支払いが必要です。月の途中の入社や退職のときの取扱いに注意しましょう。たとえば、1月30日入社の従業員の場合は、社会保険料は1月分から必要ですが、1月30日退職の従業員は1月分の社会保険料の負担はありません。月の最終日である1月31日に在籍しているかどうかで、社会保険料の負担があるかないかが決まります。

保険料率については、健康保険、介護保険は毎年3月に見直しがあり、厚生年金保険は毎年9月に変更があります。保険料率が変更になった場合は、事前に年金事務所から新しい標準報酬月額表が送られてきます。健康保険が協会けんぽの場合、都道府県ごとに保険料率が異なります。

社会保険料・労働保険料の算定スケジュール

1月	
2月	
3月	• 健康保険料率の見直し • 介護保険料率の見直し
4月	• 労災保険料率の見直し • 雇用保険料率の見直し
5月	
6月	
7月	• 4月・5月・6月の給与支給実績を元に「算定基礎届」を作成し提出する • 労働保険料の年度更新
8月	
9月	• 厚生年金保険料率の変更 •「算定基礎届」を元にした新等級の保険料の適用開始
10月	
11月	
12月	

※入社時については「資格取得届」で保険料決定

◆労災保険料の計算方法

労災保険料は従業員の負担がなく、会社の全額負担となります。労災保険料率は業種によって異なり、毎年4月に見直しがあります。保険料は、雇用保険料と合わせて毎年4月から翌年3月までの給与支払い総額（アルバイト分も含む）から保険料を計算し、「労働保険料」としてまとめて納付します。

保険料計算の手続きを「年度更新」といいます。労働保険料は前払いになっており、毎年「年度更新」の際に前年の労働保険料の精算をして、前年の給与支払い総額を元に翌年1年間の保険料の概算払いを行ないます。

◆雇用保険料の計算方法

雇用保険料は、毎月支払う給与の支給総額（通勤交通費含む）に雇用保険料率の従業員負担分を掛けて算出した金額を給与から天引きします。雇用保険料は労災保険料と合わせて、毎年4月から翌年3月までの雇用保険加入者の給与支払い総額から、保険料を計算して納付します。

雇用保険料率についても、通常4月に見直しがあります。

なにわの社労士が教える本当の損得！

【社会保険料の計算編】

仕事柄、お客様の会社の給与台帳を見せていただくことが多いのですが、社会保険料率や雇用保険料率の変更に気づかず、ずっと古い料率のままで計算をされている会社が意外と多いのに気づきます。

社会保険料率は年々、上がっていますので、従業員負担分の増加分について、会社が負担していることになってしまいます。給与計算ソフトを使用している場合でも、料率変更は保守契約をしていないと手動でやらなければならない場合もあります。

これを避けるには、年金事務所から送られてくる納付書に同封された「お知らせ」を必ずチェックすることです。保険料率が変更になる場合は、必ず新しい「標準報酬月額表」が同封されています。なお、標準報酬月額表は、協会けんぽのホームページからもダウンロードすることができます。

3-2 税金を計算して納めるという任務

「真奈美先生、給料の税金を計算するときに、気をつけなきゃいけないことって何？」

「そやな。税金の計算をするときのポイントは扶養家族の人数や」

「扶養家族の人数？」

「従業員さんに『給与所得者の扶養控除等（異動）申告書』は出してもらってるやろ」

「出してもらってるよ」

「扶養家族の数で税金の計算が変わるから、扶養家族が何人いてるんかをこの書類で確認してや!!」

源泉所得税の取扱いについて

会社には、毎月の給与から「源泉所得税」を差し引いて納付する義務があります。源泉所得税を計算するためには、まず、従業員の扶養家族の人数を確認します。この確認は、「給与所得者の扶養控除等（異動）申告書」を入社時と、年末調整時に提出してもらって行ないます。年度途中であっても、扶養家族の変動があった場合は届け出てもらうようにします。

「給与所得者の扶養控除等（異動）申告書」は、扶養家族の有無にかかわらず提出してもらわなければなりません。提出のない場合は、その従業員の月々の源泉徴収税額が高くなり、また年末調整も受けることができなくなります。

2か所以上の会社から給与を受けている従業員がいる場合は、「給与所得者の扶養控除等（異動）申告書」は主たる給与を受ける会社にしか提出することはできません。

「給与所得者の扶養控除等（異動）申告書」の提出がない場合は、「乙欄」を使って税額

❖ 給与所得の源泉徴収税額表 ❖

源泉所得税はここ！

（単位：円）

その月の社会保険料等控除後の給与等の金額		甲								乙
		扶養親族等の数								
		0人	1人	2人	3人	4人	5人	6人	7人	
以上	未満	税額								税額
169,000	171,000	3,620	2,030	450	0	0	0	0	0	11,500
171,000	173,000	3,690	2,100	520	0	0	0	0	0	11,800
173,000	175,000	3,760	2,170	590	0	0	0	0	0	12,100

＊給与総額（非課税交通費を除く）から社会保険料（健康保険料＋厚生年金保険料＋雇用保険料）を引いた金額が 172, 000 円で扶養家族なしの場合

扶養控除申告書を提出している場合は「甲」欄で計算

主たる事業所以外である場合（他の事業所でも給与所得があり、そちらに扶養控除申告書を提出している場合）は「乙」欄で計算

を計算します（乙欄については上表の源泉徴収税額表で確認してください）。

税法上の扶養家族と見なされるのは、給与所得者と生計を一にし、年間合計所得が38万円以下（給与収入の場合、年間１０３万円以下）の配偶者、もしくは親族（６親等内の血族と３親等内の姻族）です。ただし、16歳未満の子どもは扶養親族の数には含まれません。

扶養家族が正しく申告されていないまま源泉所得税の計算を行なってしまうと、あとで税務署から従業員に対し源泉所得税の追徴が行なわれ、これにともなって住民税が変更になります。給与計算が煩雑になりますので、扶養家族の収入をきちんと把握

したうえで正しい申告をするよう従業員に促しましょう。とくに、パート収入のある配偶者や、アルバイトをしている大学生の子どもがいる場合は要注意です。

扶養家族の数が確認できたら、給与支給総額から非課税の「通勤手当」と「社会保険料」「雇用保険料」を差し引いた金額と、税務署もしくは国税庁のＷｅｂサイトで入手できる「給与所得の源泉徴収税額表」を照合して、その月の源泉徴収税額を確定します。

❖ 源泉所得税の計算の仕方 ❖

「給与所得者の扶養控除等（異動）申告書」を提出してもらう（提出がない場合は「乙欄」で税額計算）

▼

課税給与額（総支給額－非課税交通費－社会保険料－雇用保険料）と、扶養家族の人数を「給与所得の源泉徴収税額表」を照らし合わせ、源泉所得税を確定し、給与から天引きを行なう

▼

給与支給日の翌月10日までに源泉所得税を税務署に納める
(「納期の特例の承認の申請書」をしている場合は半年分をまとめて支払う。納付期限は１～６月分は７月10日までに、７～12月分までは翌年の１月10日までに納付する)

残業代の有無で総支給額が毎月変わる場合は、源泉所得税の金額も毎月変わります。
従業員の扶養家族の変動があった場合は、その都度、届けを出してもらうようにします。源泉徴収税額は最終的には年末調整で精算することになりますが、年度途中で扶養家族が減少した場合、年末調整で源泉所得税が「還付」ではなく「追徴」となる場合が多いので、できるだけすみやかに届け出てもらうようにしましょう。

従業員から天引きをした源泉所得税は、翌月10日までに税務署に納めます。従業員数が10名未満で「納期の特例の承認の申請書」を税務署に提出している会社は6か月分をまとめて、1月～6月の分は7月10日に、7月～12月の分は1月10日に納付します。

1日でも納付が遅れた場合は、延滞税の対象になりますので注意が必要です（ただし、1月10日については、「納期限の特例に関する届出」を提出している場合の納付期限は1月20日となる）。

ホンマにトクする

正しい税額計算をするには、扶養家族を正しく申告してもらうことから！

住民税の取り扱いについて

「真奈美先生、住民税の納付で気をつけないとダメなことってある？」

「『納付期限を守る』っていうことと、『6月以外の年度途中で金額が変更になる人がいる点に注意』ってことかな」

「ほかには？」

「退職者が出た場合は、市役所にも通知しないとアカンねん」

「どうして？」

「いままで会社経由で納付してた住民税を、退職したら個人が直接納めることになるねんで」

「そうなんだ」

「その逆もあって、途中入社の人が住民税を会社経由で支払いたいって言ってきたら、その切替え手続きもしたらなアカンで」

「なるほど。住民税の納付額の変更と従業員の入社・退職に注意してればいいんだね」

源泉所得税のほかに、会社が給与天引きをして納める必要のある税金として「住民税」があります。「住民税」は、前年1月～12月の所得に応じて納付金額が市区町村で決められるので、会社で計算する必要はありません。従業員の住民票のある市区町村から送付される納付書の金額を確認して、給与から天引きし、翌月10日までに市区町村に納めることになります。

市区町村は、年末調整終了後に各会社から送られてくる給与支払い報告書を個人ごとに集計し、住民税の金額を確定します。そして毎年5月、会社に対して、その年の6月～翌年5月までの納付書と、個人ごとの税額を知らせる通知書を送ってきます。

住民税はあと払いなので、学生からはじめて社会人になった人や、前年度に失業をしていた人などの場合は、課税されないケースもあります。

従業員が退職をした場合は、すみやかに「給与所得者異動届出書」を該当する市区町村に送付します。

年末調整をしたあとに確定申告をした場合などで所得税額が変更になった場合は、年度途中に住民税額が変更になる場合があります。その場合は市区町村から通知が来ますので、その通知に従って天引き額と納付額を変更しなければなりません。

年度の途中で入社した従業員が、個人で納付している住民税を会社経由で納付したいと申し出てきた場合は、すみやかに切替えの手続きをしてください。切替えの窓口は、従業員が住む市区町村となります。

❖ 住民税納付のステップ ❖

1月末に「給与支払い報告書」を市区町村に提出する

▼

5月に当年6月～翌年5月までの住民税の納付額が個人ごとに通知される

▼

住民税の納付書に記載された金額を給与から天引きする

▼

給与支給日の翌月10日までに市区町村に住民税を納める

賞与から
社会保険料や税金はどう差し引く？

「真奈美先生、賞与のときの税金や社会保険料の計算は給与と同じでいいの？」

「賞与のときの計算方法は、給与のときとは違うんやで」

「そうなんだね」

「計算方法も違うし、社会保険のほうは届け出もいるから忘れたらアカンで」

◆賞与の源泉所得税の計算方法

賞与からの源泉所得税は、賞与の総支給額から社会保険料を差し引いた金額を「賞与に対する源泉徴収税額の算出率の表」に当てはめて計算します。「賞与は手渡し支給」という会社も多いので、端数が出ないようにしたい場合は、源泉所得税の金額を調整できます。源泉所得税は年末調整で年間の税額調整をするので、税額表ピッタリの金額にこだわらなくても支障ありません。賞与から徴収した源泉所得税も翌月10日までに納付します。

◆賞与からの社会保険料・雇用保険料

社会保険に加入後は、賞与からも社会保険料を控除する必要があります。厚生年金保険料・健康保険料については、賞与の支給総額から１０００円未満を切り捨てた金額に保険料率を掛けた金額を控除します。標準報酬月額表は使用しません。社会保険料を計算するときの賞与額には上限があります。健康保険は年度あたり累計で５４０万円、厚生年金保険は１回あたり１５０万円です。雇用保険は上限はなく、支給総額に保険料率を掛けた分を控除します。

賞与支給後は、すみやかに「賞与支払い届」、および「賞与支払い届総括表」を年金事務所に提出する必要があります。賞与にかかる社会保険料は、賞与支払い届を提出した翌月末の納入告知書に、毎月の保険料に上乗せした形で請求されます。賞与支給がない場合は、「支給額０」で、「賞与支払い届総括表」を提出する必要があります。

退職者に退職後に賞与を支給する場合や、育児休業中の従業員に賞与を支給する場合は、社会保険料の控除は不要です。雇用保険料は、退職者については控除の必要はありませんが、育児休業中の従業員については控除する必要があります。

【税金編】

本文にも書きましたが、税金を計算するために一番大事なのは扶養家族の情報です。パート収入がある妻やアルバイトで稼ぎまくっている大学生の息子など、年収が１０３万円を超えた家族を扶養扱いにしていると、秋ごろに税務署から源泉所得税の追徴の連絡が会社にやってきます。５年までさかのぼって調べられるので、ある会社ではその従業員の11月給与の支給がゼロになったケースもありました。

年末調整で源泉所得税が追徴になるケースは、「従業員が春に就職をした娘を扶養家族からはずすのを忘れていた」「離婚して扶養家族がいなくなったことを年末調整のときまで内緒にしていた」などの事例があります。

扶養家族の変動を会社に報告しなかった従業員の自業自得と言ってしまえばそれまでですが、こうしたデメリットがあることを、会社は従業員にアナウンスしておくべきでしょう。

3-3 いまさら聞けない給与計算の小さな疑問

「真奈美先生、たとえば3回遅刻したら、1日欠勤扱いにしてもいいのかな」

「そんなんアカンで。そんなん誰に聞いたん？」

「前にいた会社はそんな扱いだったから、うちの会社もそうしようかなと思って」

「いや、アカンで」

「そうなの？　もしかしてほかにも『本当はやったらダメなこと』ってあるのかな？」

「会社ごとに独自ルールってあるけど、ホンマはヤバイルールもよおさんあるで。よっしゃ、私がよう相談を受ける事例をいくつかあげてみるわな」

給与計算についての質問で多いのは、以下の7つです。

①遅刻3回で1日欠勤扱いはOK？
②遅刻やモノを壊したら罰金1万円ってどう？
③タイムカードを押し忘れたら欠勤扱いにできる？
④時間計算をする際に30分単位でもOK？
⑤給料日が休みの日の場合は、あとで払う？　先に払う？
⑥親睦会や社員旅行のための積立てをするには？
⑦給与計算ソフトを使用する際の注意点は？

以下、順に見ていきましょう。

①遅刻3回で1日欠勤扱いはOK？

遅刻を3回したら1日欠勤したとみなして、その分の給与も天引き（欠勤控除）する——、こんな計算をしている会社が意外とあります。結論からいうと、これはNGです！

労働基準法第24条には「賃金全額払いの法則」という決まりがあります。働いていない時間について給与を支払う必要はありませんが、働いていない時間を超えて欠勤控除をすることはできません。

ただし、就業規則に懲戒規定があり、遅刻を3回したことに対する減給処分として、給与の減額をすることはできます。減給の制裁をする場合は、上限が定められていること、いきなりの減給ではなく注意を促して始末書を取るなど、繰り返される遅刻を放置せずに、そのたびに会社として改善指導を行なっているという前提が必要になります。

つまり、遅刻の不就労時間について欠勤控除を行なう際には、繰り返される遅刻についての改善指導を行ない、懲戒処分としての訓戒、始末書を経て、減給処分というステップを踏む必要があります（遅刻者の取扱いについては156ページ参照）。

②遅刻やモノを壊したら罰金1万円ってどう？

罰金もNGです！　労働基準法第16条に「賠償予定の禁止」という決まりがあります。あらかじめ「○○をしたら××円支払え」と決めておくことはできません。

ただし、従業員の重大な過失が原因で会社に与えた損害については、実損額の一部について賠償請求をすることはできます。損害賠償請求する場合があるということを就業規則に定める、もしくは入社時の誓約書のなかに入れておくことが必要です。

実務上でいえば、損害賠償を従業員に対して請求するケースは、よほど従業員の過失が大きい場合に限られます。業務中の自動車の事故についても、会社がリスク管理をして保険に加入しておくべきです。

繰り返される遅刻に対しては、改善されるまであきらめずに注意を繰り返す、自動車事故を繰り返す従業員にはなるべく車の運転はさせないなど、防衛策を講じることが大切です。

③タイムカードを押し忘れたら欠勤扱いにできる？

これもＮＧです。就労した時間については賃金支払いの義務があります。タイムカードを押し忘れた場合は、就労時間の特定ができません。できれば当日中に、上司に時間の申告をしてもらうなど、日々の管理方法をきちんと決めておきたいところです。

タイムカードの管理については、トラブルが多発しています。遅刻や早退をごまかすために、タイムカードの打刻を同僚に依頼しているケースも見受けられます。こうした不正を防ぐには、タイムカードを他の従業員によく見える場所に設置することや、「きちんと自分で押す」というルールを徹底することが大切です。タイムカード打刻に対する不正は、給与の不正受給に直結します。遅刻と同様、注意を繰り返す、始末書を取るなどの処分を行なうべきです。

④時間計算をする際に30分単位でもＯＫ？

遅刻や早退時間、残業時間の計算や、パートタイマーの時間計算を行なう際、厳密にいうと1分単位まで計算をしなければなりません。ただし、月単位で端数処理を行なうことはできます。給与計算期間全体の就労時間を足して、その合計に端数が出た場合に、30分単位や1時間単位の数字に切上げ、切捨て処理をして数字をまるめることはできます。1日単位では端数処理をすることはできません（「つねに切上げ」の場合のみＯＫです）。

給与計算の時間計算における端数処理でよくありがちなのが、「つねに切捨て」という方法です。1か月の時間計算の集計をする際に30分単位で計算した場合、30分に満たないものはすべて切捨てをしているのですが、これはＮＧ。30分単位で計算をするのであれば、「15分までは切捨て。15分以上の場合は30分に切上げ」など、切上げと切捨てを組み合わせることが必要になります。

⑤給料日が休日の場合は、あとで払う？　先に払う？

給料日が休日の場合、その前後どちらの日に支払うのかは会社で決めることができます。

厳密にいうと、後払いにするのは「給与は毎月1回支払わなければならない」という労働基準法の規定に抵触する、という解釈もあります。給与が毎月25日払いの会社が支給をあとにしたとすると、たとえば6月25日に支給して、次月を7月26日に支給となった場合、6月26日～7月25日の1か月間は給与の支払いが1回もないことになる、という解釈です。

しかし、会社で前に支払うか、あとに支払うのかあらかじめ決めておいて、これを就業規則、もしくは雇用契約書に明記しておけば、給料日が休日の場合に先に支払おうと、あとに支払おうと、とくに大きな問題はありません。

⑥親睦会や社員旅行のための積立てをするには？

給与から会社が一方的に天引き（控除）してもいいのは、税金と社会保険料のみとなっています。それ以外のものを天引き（控除）するためには、従業員代表と「賃金控除に関する協定書」を結ばなければなりません。親睦会費や旅行のための積立て金のほか、慶弔のための互助会費、お弁当代などを差し引く場合も協定が必要になります（86ページ参照）。

親睦会費、互助会費などの積立てを行なう場合は責任者を決め、専用の通帳を作成し、積立金の収支報告をきちんと行なうことや、集金の額をいくらにするのか、親睦会に参加しなかった場合はどうするのかなど、ルールを決めて運用しましょう。

⑦給与計算ソフトを使用する際の注意点は？

給与計算ソフトを導入すると、面倒な月々の税金や社会保険料の計算をしなくてもすみますし、年末調整も簡単にできるので安心です。ソフトの値段は1万円台～100万円を超えるものもあります。その価格の差はおおよそ、処理人数や出力できる帳票の種類、どれだけカスタマイズできるかどうかで決まるようです。保守契約や、専用の打出し用紙が別途必要になる場合もあるので、さまざまな角度から検討したほうが無難です。

しかし、給与計算ソフトを導入すればすべて完了というわけではありません。計算結果をチェックをするのはあくまでも「人」。扶養家族の情報や生年月日、社会保険の加入状況など、登録情報に不備があると正しい税額計算ができません。また、社会保険料は保険料率が頻繁に変わるので、バージョンアップが確実にされているかどうかの確認も重要です。

給与計算の基礎知識を持たないうちに、いきなり給与ソフトを導入するのは危険です。従業員の人数が少ないうちは一度手計算をしてみて、計算の基本を習得しておいたほうがよいでしょう。

なにわの社労士が教える本当の損得!

【給与計算編】

給与計算のミスは従業員からの信頼を失うことになるので、あってはならないことです。給料をもらうために従業員は仕事をしているといっても過言ではありません。ミスをして、あとで修正するには大変な労力を要します。

ある会社では社会保険料の計算を間違えて、あとで30万円ほどの金額を給料から差し引かなければならなくなり、従業員に生活費の貸付をする羽目になりました。

このような場合、従業員に分割で返済してもらう取決めをするケースが多いのですが、完済しないうちに急に退職してしまう従業員もいたりと、1つのミスが余計な業務を増やしたり、金銭的に損をすることもあります。最初から、計算ミスのないようにしたいものです。

ここで取り上げた7つの疑問は、実際に相談が多い事例です。しかも、間違った取扱いをしている会社が多い事例でもあるので、ぜひ自社での取扱いを見直す際の参考にしてください。

3-4 こんなとき使える社会保険

「真奈美先生、社会保険はどういう役割を持ってるの？　会社にとってのメリットは？」

「基本的には従業員の福利厚生やな。でも傷病手当金は会社にとってもありがたい制度やで」

「傷病手当金って、病気で休んだ人がもらえる分だよね。会社がもらえるわけじゃないよね」

「傷病手当金がなかったら、病気で休んでる従業員にも給料出さなアカンやん。傷病手当金があるから安心して給与の支給を止められるんやん」

「なるほどね。でも、病気になる人なんてそんなにいないよね」

「まぁ、そやけど。困ったときのための社会保険制度やし。従業員に安心して働いてもらう

❖ 社会保険の仕組み ❖

一ための制度やと思わなしゃあないで」

そもそも社会保険って何？

大きなくくりでの社会保険とは、健康保険・厚生年金保険、労災保険・雇用保険の総称です。小さなくくりでは健康保険・厚生年金保険のことを「社会保険」、労災保険・雇用保険を「労働保険」といいます。この章では、小さなくくりでの「社会保険」と「労働保険」に分けて説明します。

通常、社会保険（健康保険・厚生年金保険）はセットで加入することになります。中小企業の場合は「協会けんぽ」で健康保険に加入するケースがほとんどです。大企業の場合は自社もしくは業種団体で組織する「健康保険組合」があるケース

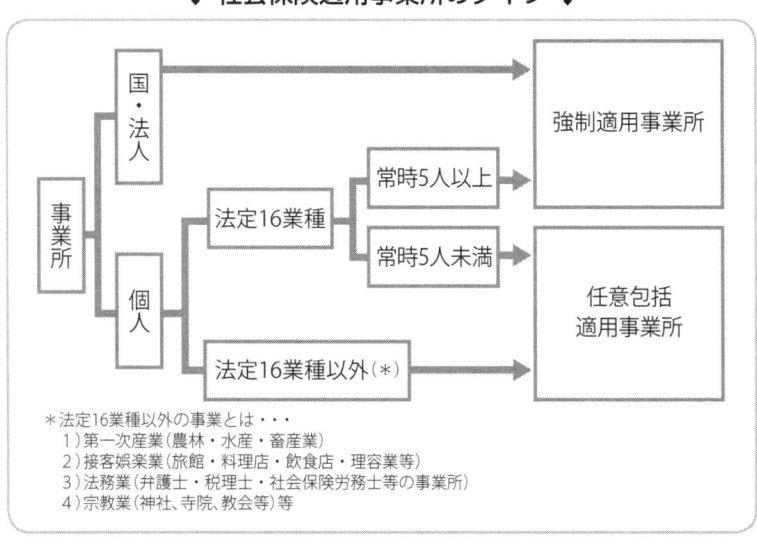

❖ 社会保険適用事業所のタイプ ❖

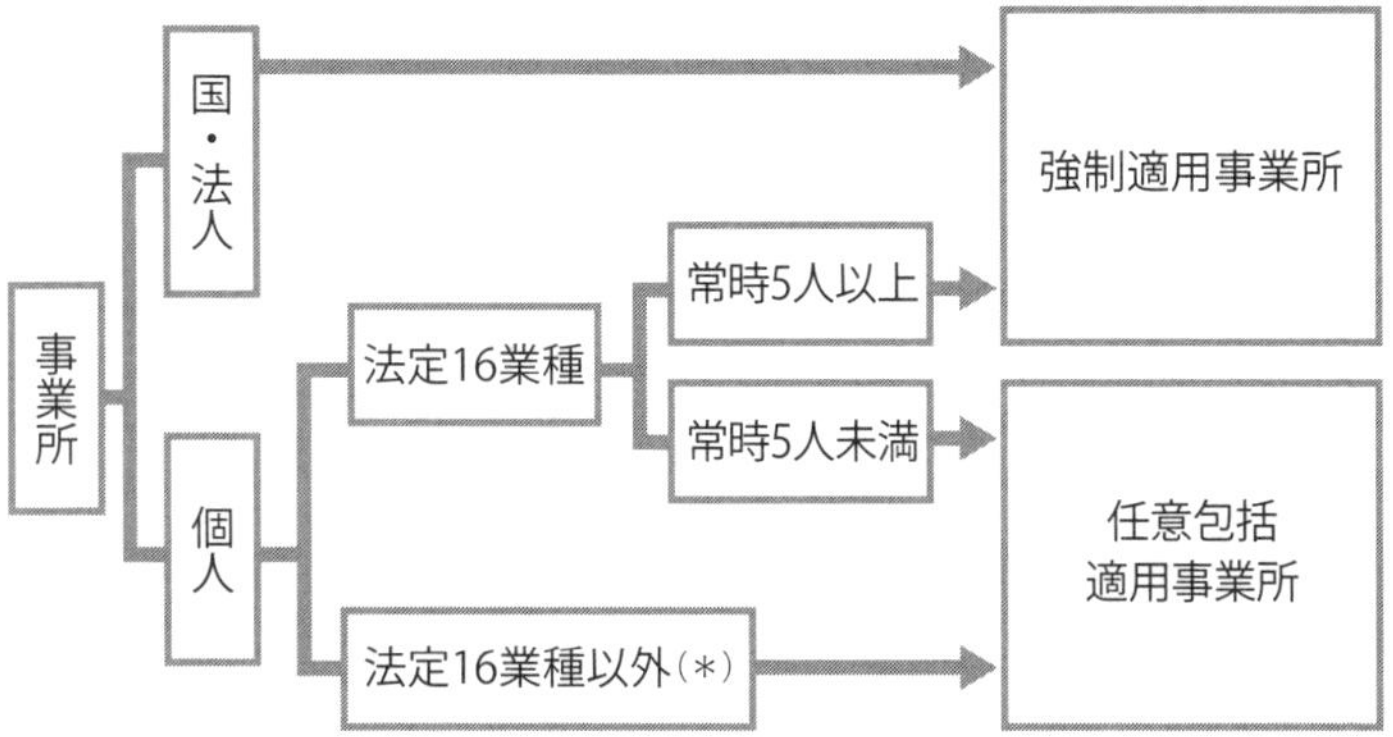

＊法定16業種以外の事業とは・・・
1）第一次産業（農林・水産・畜産業）
2）接客娯楽業（旅館・料理店・飲食店・理容業等）
3）法務業（弁護士・税理士・社会保険労務士等の事業所）
4）宗教業（神社、寺院、教会等）等

が多く見受けられます。ただし、レアケースとして個人事業の場合で職種団体の国民健康保険組合がある場合（医師国保、税理士国保、美容師国保など）は、「国民健康保険と厚生年金保険」のセットになる場合もあります。

◆社会保険に加入する必要がある事業所・人とは？

事業の形態には「個人事業」と「法人」がありますが、法人の場合は全事業所が社会保険の「適用事業所」になります。従業員が代表者のみであっても加入義務があります。個人事業については、業種と従業員の人数により、強制適用と任意適用の事業所に分かれます（前ページ図表参照）。

法人の代表者は法人に使用される者として、社会保険に加入できますが、個人事業の代表者は社会保険に加入することはできません。

適用事業所に勤務する人は、社会保険に加入することになりますが、正社員のおおよそ4分の3未満の勤務日数・勤務時間のパート・アルバイトは社会保険に加入することができません。

厚生年金保険については、従業員が満70歳に到達する月の前月まで保険料を徴収しなければなりません。満70歳に到達した月から保険料の徴収は必要なくなりますが、給与額が高額な場合は、年金の調整は引き続き行なわれます。

なにわの社労士が教える本当の損得!

【社会保険加入編】

法人であれば、従業員の有無にかかわらず、代表者だけでも社会保険に加入しなければなりませんが、これを知らない経営者も多いようです。社会保険料の負担はたしかに重いですが、税法上は全額損金になりますし、将来の年金受給のことを考えると、社会保険に加入するメリットはあると思われます。ただし、個人事業の場合は、代表者は社会保険に加入することはできません。

社会保険が使えるときってどんなとき?

「社会保険」は「保険」というその名のとおり「困ったとき」に使うことができる制度です。「困ったとき」というのは、①病気やケガをしたとき、②病気やケガが原因で障害が残ったり死亡したとき、③老齢になったときです。また、出産で費用がかかったときや仕事ができないときも「困ったとき」に含まれます。

一般的には従業員の福利厚生のための制度としてとらえられますが、病気や老齢で仕事ができなくなった従業員に対して、社会保険制度が会社に代わって所得補償をしてくれると考えることもできます。

◆健康保険が使えるとき

健康保険は、病院にかかった際に診察費用の一部を負担したり、高額な医療費がかかった際に一部を補填する制度です。また、出産の際の費用の一部を負担したり、出産や私傷病（業務上以外の病気やケガ）で仕事を休んだ従業員に対して所得補償があります。

会社として一番のメリットは、従業員が私傷病で休職した際に支給される「傷病手当金」でしょう。よくあるケースが、従業員が病気になった場合、人道的な観点から給与をそのまま支給し続けていたが、復帰の目処が立たず病状が悪化していくなかで、給与を止めるタイミングを逃してしまう、というパターンです。

このような場合、傷病手当金を申請することにより、給与の支給を止めることができます。生活費・治療費などで家族が困る場合は、給与ではなく別途貸付金で貸出すなどの方法を取ることもできます。せっかくの社会保険制度ですから給付は最大限活用しましょう。

❖ 国民年金と厚生年金 ❖

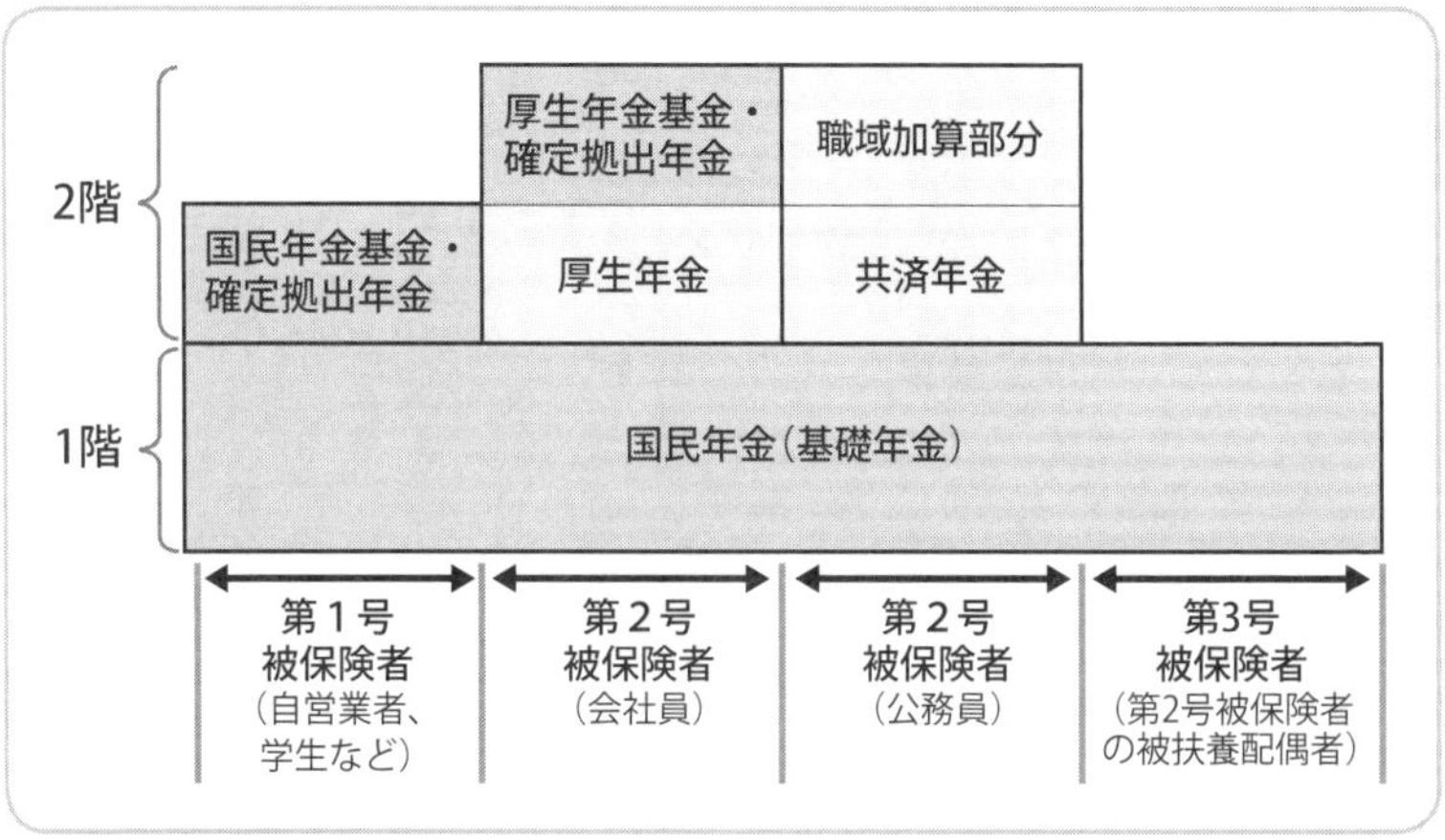

◆厚生年金保険が使えるとき

厚生年金保険は、障害になったときや一家の大黒柱が死亡したとき、老齢になったときの所得保障を受けることができるものです。

日本の年金制度は「2階建て」になっています（上図参照）。1階部分が自営業者・学生などが加入する国民年金で、2階部分が会社に勤める人が加入する厚生年金です。厚生年金に加入している人は、国民年金と厚生年金と2つの保険に加入をしていることになるので、万が一のときの保障についても、国民年金と厚生年金の2つから年金を受給することができます（それぞれの支給要件により併給できない場合もある）。

万が一のときに支給される年金額は、加入

期間と加入期間中に掛けていた保険料によって変わりますが、厚生年金保険に加入して間もないうちに障害になったり死亡した場合でも、25年加入していたものとしてみなされて年金の計算がされます（ただし、障害になったり死亡したときからさかのぼって1年間に年金保険料の未納期間がある場合は、年金の支給対象とならない場合がある）。

厚生年金保険に加入することで、在職中の従業員に万が一のことがあった場合や、経営者自身も保障が手厚くなるので安心です。

年金事務所の調査って何をするの？

「真奈美先生、年金事務所の『調査』ってどんなことをするの？」

「『加入すべき人が加入しているか』『保険料の計算をちゃんとしてるか』っていうとこかな」

「もし、ちゃんとやってなかったらどうなるの？」

「社会保険料の徴収は時効が2年やから、さかのぼって修正ってこともあり得るで」

「えっ、2年分さかのぼって保険料が取られるってこと？」

「そやで。従業員の分も含めて2年分を一気に納付せなアカンから、かなりキツイで！」

「えっ！　……そうなんだ」

「普段からちゃんとやってたら、何も怖いもんなしやんか」

「真奈美先生の言うことをちゃんと聞いてやるようにするね」


社会保険に加入している会社は、年金事務所や労働局の調査を受けることがあります。保険料の調査については、労働局が社会保険料（健康保険料・厚生年金保険料）と、労働保険料（労災保険料・雇用保険料）とを一緒に調査するケースも最近は見受けられます。

この調査の目的は、社会保険料や労働保険料が正しく申告され、計算されているかどうかを調べるものです。その際には、①賃金台帳、②出勤簿（タイムカード）、③労働者名簿の「法定書類3点セット」と、源泉所得税の納付書の控え、総勘定元帳、現金出納帳など、税務関係の書類が必要になります。

調査のポイントは大きく2点。①社会保険への加入義務があるのに加入していない従業員がいないかどうか、また、②保険料の計算のもととなる、入社時の届出や算定基礎届に記入されている給与の額が正しいものであるかどうかです。

適用漏れについては、タイムカードや賃金台帳、源泉所得税の納付書の控を確認されます。保険料算定の際の申告漏れについては、支払われた給与すべてが保険料算定に含まれているかどうかがチェックされます。通勤手当は税法上は非課税ですが、社会保険料や労働保険料の算定の際には計算に含まれるので注意しましょう。

社会保険の適用漏れで一番注意したいのは、60歳以上の年金受給者です。老齢厚生年金の受給が始まると、厚生年金保険に加入して仕事をしていると年金が減らされるので、「社会保険には加入したくない」という従業員がたまにいます。60歳以上の従業員は年金事務所の調査の格好のターゲットです。労働時間等を徹底的に調べられ、適用漏れとなると、２年間さかのぼって適用するよう指示がなされ、２年分の保険料を徴収されます。また、年金もさかのぼって調整されることになります。

こうなると保険料負担が大きくなるうえ、会社は一括で２年分の社会保険料を支払うことになってしまいます。社会保険に加入しないで働きたいという従業員がいる場合は、労働時間や労働日数を正社員の４分の３以下に抑えることが必要です。

3-5 労災保険が活躍する場面

「真奈美先生、労災保険を使うと保険料が上がったり、監督署の調査を受けることになるから、なるべく使わないほうがいいって本当？」

「誰がそんなん言うてるん？　業務中や通勤途中のケガはちゃんと労災保険を使わなアカンで！」

「だって、監督署の調査が来たら面倒だもん」

「監督署が労災の調査で来るっていうたら、よっぽどヒドイ事故の場合やで」

「そうなの？　でも保険料が上るのは嫌だし……」

「保険料なんかもっと関係ないで。保険料が変わるのは大きな会社だけや。しかも死亡事故とかがなかったら変わらへんし」

「そうなんだ」

「もしかして、いままで労災事故を私に隠してたんちゃうやろね」

「いやっ、それはないよ。うちの会社は労災はまだ一度もないよ。もしあったら真奈美先生に絶対報告するから」

労災保険に加入する必要がある事業所・人とは？

事業の形態にかかわらず、人を1人でも雇っている事業所は労災保険に加入しなければなりません。加入しなければならない人は正社員、アルバイト・パートにかかわらず、給与をもらって働いている人すべてです。1日しか仕事をしていない人も加入対象になります。

経営者や役員が労災保険に加入したい場合は、「特別加入」をすることもできます。「特別加入」をするためには、労働保険事務組合に労働保険料の徴収に関する事務手続きを委任することが条件になります。ただし、「特別加入」ができるのは、一定規模以下の中小企業の経営者や役員に限られます。

「特別加入」には手続きが必要ですが、その他の従業員の加入については、個別の手続きは必要ありません。労災保険は「事業所が加入する」というスタイルのため、労災保険に加入している事業所に勤務する従業員は、すべて労災保険に加入しているものと見なされます。

万が一、労災保険に加入していない事業所で労災事故が発生した場合でも、従業員に対する労災給付は行なわれます。ただし、費用については事業主に請求されることになるので、従業員を1人でも雇ったらすぐに事業所を管轄する労働基準監督署で労災加入の手続きをしましょう。なお、店舗や支店など複数の事業所がある場合は、それぞれの事業所で労災保険に加入しなければなりません。

労災保険が使えるときとは?

労災保険が使えるのは、従業員が業務に従事しているときに、業務が原因でケガをしたときや、通勤途上でケガをした場合です。業務が原因で病気になった場合も適用されますが、たまたま就業時間中に盲腸が痛みだして失神した場合などは、そもそも盲腸になった原因が業務上であると認定されない限りは、労災とは認められません。

最近では、長時間労働が原因の脳疾患・心臓疾患が労災認定されるケースが増えています。また、パワハラ（パワーハラスメント）が原因でうつ病になり、自殺をした場合にも労災認定がされています。このような場合、会社に「安全配慮義務違反」で遺族から損害賠償請求をされるケースもあります。第2章でも触れましたが、労働時間管理は、現在、見過ごすことのできない大きな課題です。

労災保険からの給付は、健康保険よりもかなり手厚いものになっています。業務上の傷病は労災保険、業務外の傷病は健康保険と守備範囲が分かれていますので、両方使うことはできません。

たとえば社員がケガをした場合、健康保険であれば病院の窓口で治療費を3割負担しなければなりませんが、労災の場合は従業員の自己負担はありません。また、従業員がケガや病気で休業した場合、健康保険は給与のおおよそ66％の補償ですが、労災保険は特別給付金も合算するとおおよそ80％の所得補償になっています。

年金給付については、一部支給調整はあるものの、厚生年金と国民年金、労災保険は併給されます。万が一、従業員が労災で障害を負ったり死亡した場合は、労災保険と厚生年金、国民年金の3つから障害年金や遺族年金を受給することになります（ただし、細かい受給要件がある）。

労災事故と監督署の調査

「労災を使うと監督署の調査があるし、手続きがややこしいから使わない！」と心に決めておられる経営者もいるそうですが、それは大きな間違いです。「労災隠し」は処罰の対象になります。万が一、従業員に障害が残った場合や、治療が長引いた場合、業務上の事故は健康保険を使うことができないので、労災保険を使わなければ全額自己負担になり、それを補償する会社の負担は膨大になります。

では、労災事故が発生した場合、必ず監督署の調査は行なわれるのでしょうか？　大きな事故で死亡者が1名でも出たり、ケガ人が何人も出た場合、大きな障害が残るような事故が発生した場合は、監督署の調査を必ず受けることになります。事故現場での実地調査が行なわれ、是正指導が行なわれます。死亡事故の場合は、書類送検されることもあります。

通常の場合は、「調理場で指を切った」「階段でつまずいてケガをした」など、休業せずに数日の治療のみという労災事故がほとんどだと思います。その事業所で細かい事故が頻発している場合は調査の対象になる場合もあるでしょうが、ほとんどのケースでは調査にまでは至らないと考えても支障はありません。

そのときは軽微なケガだと思っても長引いたり後遺症が残る場合もありますので、業務中のケガは労災申請をするようにしましょう。

ホンマにトクする

労災申請をしても保険料率は変わらない。業務中や通勤途上のケガは、きちんと労災申請をすること！

3-6 雇用保険は辞めた社員のためだけにあるのではない！

「真奈美先生、雇用保険料は従業員が辞めたときの失業給付のために払ってるんだよね」

「いや、会社も雇用保険、使えるで」

「え？　会社が使えるってどんなとき？」

「助成金って知ってるやろ？　助成金の原資って雇用保険料やねんで」

「えっ、そうなんだ！」

「だから雇用保険に入ってる会社しか、助成金の申請はでけへんねん」

「なるほどね。助成金のほかにも何か使える？」

「あと、ハローワークに無料で求人票を出せることかな」

「ああ、そうだね。ほかの求人媒体は有料だしね。助成金と求人票以外にも何かある？」

「育児休業中の人や、高齢者の人で給与が下がったときに給付金を出してくれるねん」

「それって会社がもらえるお金？」

「いや、それは従業員さんに直接払われる分やねん」

「あ、そうなんだ。会社がもらえるお金ではないんだね」

「でも考えようによっては、会社の代わりにお金を払ってくれてると思えへん？　そういう給付があるから、たとえば定年後の再雇用のときに給与の見直しもしやすいんやで」

「そうとも言えるか……。意外に雇用保険って使えるんだね！」

雇用保険に加入する必要がある事業所・人とは？

雇用保険は、個人経営の農林水産業などを除き、従業員を1人でも雇用していればすべて適用事業所となります。ただし、短時間労働者の場合は、1週間20時間以上の勤務が見込まれることや、31日以上の雇用が見込まれることなどが加入の要件となります。したがって、労災保険とは違い1日だけのアルバイトの人は加入の対象にはなりません。
また、雇用保険は経営者や役員、同居の親族も加入することはできないうえ、「特別加入」のような制度もありません。

雇用保険が使えるとき～失業給付編

雇用保険が使えるときは、従業員が退職したときに申請できる失業給付が代表的です。退職後、失業給付を受給するためには、自己都合退職の場合は1年以上雇用保険に加入していることが条件になります。また、受給が開始されるまでに3か月の「待期期間」があります。

一方、会社都合での退職や、雇用期間に定めのある契約社員が契約更新されなかったことで退職となった場合は、6か月の雇用保険への加入期間で要件を満たします。失業給付の受給も1週間の待期期間ののち、すぐに開始されます。会社都合で従業員を退職させた場合は、一定期間、雇用関係の助成金申請ができません。助成金の受給が開始されていても停止になりますので要注意です。

失業給付は従業員のためだけにあるのではありません。経営者は、万が一、経営不振など会社都合で従業員を辞めさせることになった場合でも、失業給付で従業員の当面の生活が補償されるという安心感を得ることができます。

❖ 雇用関連のおもな助成金 ❖

（2010年度の例）

創業・異業種進出	中小企業基盤人材確保助成金
	受給資格者創業支援助成金
新たな雇用	特定求職者雇用開発助成金
	試行雇用奨励金
	派遣労働者雇用安定化特別奨励金
	若年者等正規雇用化特別奨励金
雇用環境改善	均等待遇・正社員化推進奨励金
	中小企業定年引上げ等奨励金
	人材確保等支援助成金
事業縮小	雇用調整助成金
	中小企業緊急雇用安定助成金
育児・介護関係	中小企業子育て支援助成金
	両立支援レベルアップ助成金
	介護労働者設備等導入奨励金

❖ 厚生労働省：事業主への給付金案内サイト ❖

http://www.mhlw.go.jp/general/seido/josei/kyufukin/index.html

雇用保険が使えるとき
〜助成金編

雇用関係の助成金を申請するためには、雇用保険に加入していることが要件となります。これは雇用関係の助成金の原資が雇用保険料で賄われているためです。

助成金の種類はいくつかあり、人を雇い入れた場合だけでなく、定年延長やパートの正社員化など雇用環境を改善した場合や、景気の後退により業績が悪化して、従業員を休ませなければならなくなった場合などにも申請できます。

助成金については随時改定がありますので、厚生労働省のホームページ、もしくはハローワークに問い合わせてください（22ページ参照）。

雇用保険が使えるとき
〜求人&育児・介護休業者等の所得補償編

雇用保険に加入していればハローワークに求人票を出すことができますが、法人の場合は社会保険に加入していることも要件となります。その際、求人票に記載する労働時間や休日数について、法律を遵守していることが求められます。ハローワークでの求人掲載は無料です。

また、１年以上雇用保険に加入している従業員が、育児や介護のため会社を休むときの所得補償にも雇用保険が使えます。さらに、５年以上雇用保険に加入している従業員の給与が60歳以降に下がった場合の所得補償もしてもらうことができます。

これらの給付は従業員向けのものですが、給付があることで会社は育児や介護のため休業している従業員に対して給与を支払う必要がなくなります。女性や高齢者の労働力を活用するためには、会社にとっても有利な制度といえるでしょう。

ホンマにトクする

雇用保険に加入している会社であれば、雇用関係の助成金を申請することができる！

社会保険・雇用保険に加入している法人であれば、無料でハローワークに求人を出すことができる！

3-7

社会保険料プチ節約術

「真奈美先生、社会保険料を安くする方法ってないの？」

「安くは無理やけど、保険料の決め方を知ることでプチ節約はできるで」

「教えて〜」

「標準報酬月額表をじっと眺めることと、保険料の決め方を思い出してみることやね」

「うん？　じらさないで早く教えてよ〜」

社会保険料の負担は大きいですよね！　給与のだいたい13％が社会保険料ですから、少しでも節約したいと思っている経営者も多いはず。節約するには、社会保険料の計算方法と適用条件をもう一度見直してみましょう。

社会保険料の決め方を思い出してください。①従業員の入社時は給与の総額を標準報酬月額表に当てはめて、②その後は4月・5月・6月の給与の平均を標準報酬月額表に当てはめる、でしたよね。

そのほか、③社会保険料の対象になるのは月末に在籍している人、でしたよね。では、社会保険に加入をしなければならない人はどうでしたか？　④正社員の4分の3以上の時間を勤務しているパートは「加入」でしたよね。

このあたりに社会保険料の節約術のヒントが隠れています。1つひとつの額はわずかかもしれませんが、従業員が増えてくるとわずかな額の積み重ねが軽視できません。

ただし、社会保険料の節約は会社負担だけでなく従業員の本人負担も軽減されますが、それは同時に将来の年金給付や、健康保険の傷病手当金や出産手当金の受給の際には、従業員にとっては少し不利になるということもご承知おきください。

それでは、節約術を見ていきましょう。

①入社のときの給与の決め方

入社のときの給与の決め方で、社会保険料を節約できます。社会保険料は「給与の総支給額を標準報酬月額表にあてはめて決める」ので標準報酬月額表の幅に注目します。

たとえば、従業員（40歳未満とする）の給料を「基本給20万円」で設定した場合で考えてみましょう。従業員が申請してきた通勤交通費が１万５００円とすると、給与の総支給額は21万５００円となります。

この金額を標準報酬月額表にあてはめると22万円が標準報酬月額となり、健康保険料が１万５１６円、厚生年金保険料が１万７６６３円で、社会保険料の合計は２万８１７９円となります（保険料は２０１１年８月現在。協会けんぽ大阪支部の保険料率で計算）。

（2011年8月現在）
（単位：円）

厚生年金一般
80.29/1000
16,058
17,663

かりに基本給を19万９４００円に設定したとすると、交通費（１万５００円）を足した総支給額は20万９９００円となるので、標準報酬月額は20万円です。この額の社会保険料負担を計算すると２万５６１８円となるので、比較すると１か月あたり２５６１円、社会

❖ 健康保険・厚生年金保険の標準報酬月額・保険料表 ❖

標準報酬				保険料（被保険者負担分）	
等級		月額	報酬月額	健康保険	
健	厚			介護なし	介護あり
				47.8/1000	55.35/1000
17	13	200,000	195,000 以上 210,000 未満	9,560	11,070
18	14	220,000	210,000 以上 230,000 未満	10,516	12,177

※社会保険料は平成23年8月現在の保険料（協会けんぽ大阪支部に加入）で計算

❖ 入社時の給与設定による社会保険料の計算例 ❖

（単位：円）

基本給	交通費	総支給額	標準報酬月額	健康保険料	厚生年金保険料	社会保険料計	雇用保険料	源泉所得税	差引支給額（手取り額）
200,000	10,500	210,500	220,000	10,516	17,663	28,179	1,263	3,620	177,438
199,400	10,500	209,900	200,000	9,560	16,058	25,618	1,259	3,690	179,333

※社会保険料は平成23年8月現在の保険料（協会けんぽ大阪支部に加入）で計算

保険料の負担を減らせます（上表参照）。また、従業員の手取り額も後者のほうが多くなります。

このように入社時に給与を決める際は、交通費を事前に聞いておけば、標準報酬月額表を見ながら給与を決めることで社会保険料を節約できます。

②4月・5月・6月は残業や昇給をしない

入社時以外の社会保険料の決め方は、「4月・5月・6月の平均給与を標準報酬月額表に当てはめて決める」です。このときは残業代などすべての給与が含まれます。すなわちこの3か月に残業をすると、1年間の社会保険料が跳ね上がります。4月・5月・6月にはなるべく残業をさせないようにするとよいでしょう。

20万円から22万5千円への昇給は
1等級UPなので随時改定はなし
（社会保険料は算定のときまで変わりなし）

（25,000円UP）

20万5千円から23万円への
昇給は2等級UPなので随時改定となる
（4か月後から社会保険料UP）

（25,000円UP）

また、昇給のタイミングを7月にすることで、社会保険料は節約できます。7月の昇給をする際にも、標準報酬月額表とにらめっこしながら決めましょう。昇給によって標準報酬月額が2段階以上も上がると「随時改定」となり、社会保険料が上がることになるので注意が必要です。

さらに、昇給の月から3か月間はなるべく残業をさせないことがポイント。昇給した月から3か月間の給与の平均で保険料が上がるかどうかが決まるからです。

③入社は月初に、退職は月末までに

社会保険料の対象となるのは、「月末最

❖ 昇給で社会保険料が変更になる場合・ならない場合 ❖

健康保険・厚生年金保険の標準報酬月額・保険料表

（単位：円）

等級		標準報酬月額	報酬月額
健	厚		
17	13	200,000	195,000 以上 210,000 未満
18	14	220,000	210,000 以上 230,000 未満
19	15	240,000	230,000 以上 250,000 未満

旧給与　200,000円
新給与　225,000円

等級		標準報酬月額	報酬月額
健	厚		
17	13	200,000	195,000 以上 210,000 未満
18	14	220,000	210,000 以上 230,000 未満
19	15	240,000	230,000 以上 250,000 未満

旧給与　205,000円
新給与　230,000円

終日に会社に在籍している人」です。中途入社者を採用した場合に月末に入社させると、その月の社会保険料の負担が発生します。入社は1日付けで行ないましょう。

逆に、退職の場合は、月末退職になるとその月の保険料が発生しますので、給与締め日が20日の会社であれば、20日を退職日として設定するのがベストです（自己都合退職の場合、退職日の強要はできませんので要注意）。

社会保険料節約のために、わざわざ月末の1日前に退職日を設定する、という方法もよくあったようですが、それはあまりにもあからさまであることや、退職者にとっては「月末までその会社にいた」という認識となり、国民年金への切替えの手続きをしないまま、翌月から新しい会社に入社をして、年金加入期間の空白を生む原因にもなっています。給与計算をしやすいように、中途半端な日を設定せずに給与の締め日で退職をしてもらう、というのがおすすめです。

④パートは2人で1人体制にする

社会保険に加入をしなければならない人は、「正社員の4分の3以上の時間を勤務している人」です。パートもフルタイムになると、社会保険の加入が必要になります。

そこで、職務の内容にもよりますが、2人で1人分の勤務体制にすれば、社会保険に加入する必要はなくなります。たとえば、Aさんは午前中だけ、Bさんには午後から仕事をしてもらう、というようなイメージです。

ただし、職務の内容によっては仕事の流れが悪くなり、ミスが多発する原因となる場合もあります。社会保険料の負担のみに目を向けず、あくまでも業務全体のことを考えて判断をしてください。

ホンマにトクする

給料の決め方と、加入しなければならない人の要件をチェックすることで社会保険料の節約ができる！

ポイント

第3章 ―ホンマにトクする給与計算・社会保険の最大限活用法！― のまとめ

1 給与計算は、残業代と社会保険料の計算方法を押さえる！

2 社会保険加入の最大のメリットは、傷病手当金と手厚い障害年金・遺族年金！

3 労災保険の申請をしても労災保険料は上がらない！

4 雇用保険に加入してるからには助成金を活用しよう！

5 社会保険料節減のためには、社会保険料の決め方を知る！昇給は7月に！

第4章

トラブル従業員への正しい対応法

この章で学べること

- 遅刻・欠勤を繰り返す従業員への対処法
- やたら残業をする従業員への対処法
- 有給休暇を取りまくる従業員への対処法
- 突然、辞める従業員への対応法
- どうしても辞めさせたい従業員がいる場合の対応法

4-1 遅刻・欠勤を繰り返す従業員への対処法

最近、小久保さんの様子がどうも変です。なにやら従業員のことで思い悩んでいる様子。

真奈美先生は小久保さんの会社を訪問し、従業員が帰ったあとで、ゆっくり話を聞くことにしました。

最初は遠慮がちに話しはじめた小久保さんも、よほど腹に据えかねたことがあったのか真奈美先生を質問攻めにしています。

「真奈美先生、毎日のように遅刻する従業員がいて困ってるんだ。どういう対応をすべきなんだろう」

「その都度、注意してる？　ほったらかしはアカンで!!」

「いや、注意はしてるんだけどさ、まったく反省の色がないんだよね」

「始末書とかどんどん取って、場合によっては減給処分も考えたらどない？」

「そんなことまで？」

「ほっといたら会社全体がそんなんになってしまうで！」

遅刻・欠勤をされると マズイ本当の理由

世の中には、常識では考えられないくらい時間にルーズな人がいます。時間にルーズな人は約束を守ることができない人、すなわち信用するに値しない人というレッテルを貼らざるを得ないでしょう。

従業員が遅刻をすると一番マズイのは、時間どおりにまじめに出勤して仕事をしている、ほかの従業員のモチベーションが下がることです。お客様から朝一番に電話があり、いつも担当者不在となれば、どういう印象を持たれるでしょう。会社全体がだらしない会社として見られてしまいます。遅刻者は許さないという企業風土を作ることが大切です。

遅刻・欠勤の管理はきびしくする！

遅刻やたび重なる欠勤をする従業員には必ず届出書を提出させ、遅刻の履歴を文書で管理できるようにします。あまりにも遅刻が重なる場合は、「始末書」を提出させるようにしましょう。罰金を取るのは問題がありますが、仕事をしていない時間分の賃金カットをするのは問題ありません。月給の場合も時間単価に割り戻して、就労していない時間については差し引きましょう。その場合は、欠勤控除をすることを、雇用契約書や就業規則にうたっておく必要があります。

遅刻・欠勤に際する届出書の書式を作成して、連絡の手順を明示しておきます。従業員が「携帯メールで同僚に遅刻を連絡する」なんてことはもってのほか。遅刻が予想できる時点で必ず上司に電話連絡するように促し、出勤後はただちに届出書を作成して上司に届け出るという仕組みを作っておくようにします。

「遅刻をしたら面倒だ！」という意識を従業員に植えつけることが大切です。時間を守る意識が欠落している従業員には、まずは会社の約束事に沿って行動してもらう習慣をつけるよう促すしかありません。

URLはもくじにあります。

ダウンロード対応

❖ 勤怠届出書（例）❖

勤怠届出書

<table>
<tr><td></td><td>有給休暇</td><td rowspan="3">期間</td><td>年　月　日から</td><td rowspan="3" colspan="2">日間</td></tr>
<tr><td></td><td>特別休暇</td><td rowspan="2">年　月　日まで</td></tr>
<tr><td></td><td>代　休</td></tr>
<tr><td></td><td>欠　勤</td><td rowspan="2">時間</td><td>時　分から</td><td rowspan="2">時間</td><td rowspan="2">分</td></tr>
<tr><td></td><td>遅　刻</td><td>時　分まで</td></tr>
<tr><td></td><td>早　退</td><td rowspan="3" colspan="4">事　由</td></tr>
<tr><td></td><td>休日出勤</td></tr>
<tr><td></td><td>出　張</td></tr>
<tr><td></td><td>直　行</td><td rowspan="3" colspan="4">行　　先：
現地約束時刻：
帰社予定時刻：</td></tr>
<tr><td></td><td>直　帰</td></tr>
<tr><td></td><td>外　出</td></tr>
</table>

＿＿＿＿＿＿＿＿殿　　提出日　　年　　月　　日

所属＿＿＿＿＿＿＿＿＿＿＿＿　氏名＿＿＿＿＿＿＿＿＿＿＿＿印

※ 該当する欄に○印をつけること

※ 届出書の提出手順は、

本人→上司→本人→社長

※ 届出書の提出は、事前にお願いします。

株式会社 ○○○○

承認日 課長印

なにわの社労士が教える本当の損得!

【勤怠不良社員対応編】

時間にルーズな従業員というのは、どの会社にもいるものです。そういう従業員がはびこりやすい会社というのは、実は経営者自身が時間にルーズな場合もあります。会社全体で時間を厳守する風土を生み、朝礼を行なって遅刻者がこっそり入ってこれないようにしましょう。

また、面倒がらずに徹底的に注意を繰り返すなど、問題を放っておかないことが大切です。時間にルーズな従業員がいると、必ずほかの従業員に悪影響を与えます。遅刻や無断欠勤は絶対に許さないという強い姿勢を保ちましょう。

4-2 残業がすごく多い従業員への対処法

「真奈美先生、残業がすごく多い従業員がいるんだ。とにかく仕事が遅いし……。そんな人にも残業代を払う必要があるの?」

「ちゃんとその人の仕事内容を把握してるん?　業務命令なしで勝手に残業してるんちゃうん?」

「勝手にってことはないけどさ、まぁ、彼の仕事があるから残ってやってるんだと……」

「なんで残ってるんか、もっとちゃんと把握しとかな」

「まぁ、そりゃそうだけどさ、彼にべったりくっついて、いちいち見てられないよ」

「雇ったからにはちゃんと教育せなアカンし、まず残業の原因になってる業務をちゃんと調べてみ」

そもそも残業って?

そもそも「残業」とは何でしょう。文字化すると、「所定労働時間を超えて仕事をすること」ですよね。では、「仕事をすること」を決めるのは誰でしょうか?

労働契約とは、「従業員は労務の提供を行なう、経営者は労務の提供に対して賃金を払う」というものです。それでは、従業員は自分の判断で労務の提供をし続けることができるのでしょうか? 答えはNO。あくまでも「経営者の判断があったうえでの労務の提供」ということが原則になります。

すなわち残業する・しないを決めるのは従業員ではなく、経営者です。経営者が現場を見ることができない場合は、しかるべき管理職がきちんと管理を行なうべき。ムダな残業が習慣化していないか、まずチェックしてみましょう。

ある会社では、経営者の方針で「いっさい残業禁止。残業代は支給しない」と通達したところ、いままで月平均30時間くらいあった残業がピタっとなくなり、よほどのことがない限りは、みんな定時で帰るようになったそうです。

仕事というのは段取りです。最初から残業時間込みで仕事の段取りを決めてしまうと、ダラダラ仕事になってしまいます。そうならないためには、まず、各自の業務の洗い出しを行ない、仕事の流れを見直します。そうすると、「複数の人が重なった仕事をしている」「事務員ができる仕事を営業担当がしている」など、解決すべき問題が発見できるはずです。

残業代を払わないですむ方法

残業をさせておいて、残業代を払わない方法というのはありません。残業代を払いたくなければ、残業をさせないことです。つまり、残業をしなくても就業時間中に仕事が終わる仕組みを考えるべきです。

仕事の効率化を図っても残業が発生する場合は、人手が足りないのが原因と考えられます。その場合は従業員の補充を視野に入れましょう。

「管理職手当をつければ残業代は払わなくてもいい」という、「管理監督者神話」があります。しかし、大手ハンバーガーチェーンの店長の未払い時間外手当請求訴訟でも明らかなように、労働基準法で労働時間の規定が適用除外になる管理監督者の範囲というのは、かなり限られた狭い範囲になります。残業すれば残業代が発生するという前提のもと、業務の効率化を考えるのが先決となります。

それでも残業が減らない場合

残業があるということは、「仕事がある」ということです。仕事があるのに残業代をケチって仕事をさせないのでは、何のために会社を経営しているのかということになります。しかし、個人の能力差によって残業が発生し、「できる従業員」と「できない従業員」との給料の逆転現象が起こるのは不合理だと考える経営者も多いことでしょう。

この逆転現象を解消するためには、従業員の能力をしっかりと見きわめ、年間総支給額で考えるしかありません。能力不足の従業員の残業代がかさみ、月例給与で就業時間中にきちんと仕事をこなす従業員よりも給与が多くなるようであれば、その従業員の昇給幅を抑えたり、賞与額で調整を行なう方法もあります（次ページ表参照）。

能力不足の従業員を放置しておくと、会社としても大きな損失になります。職場で上司が個別に指導をするなどの教育訓練が必要です。本人のやる気の問題でもあるので、会社

年間総支給額から逆算した残業代と賞与とのバランスシミュレーション

（単位：円）

年俸320万円で仮定した場合	給与額（円）	1か月あたりの残業代	月間給与（給与＋残業代）		年間賞与総支給額		年間総支給額
残業時間なし	200,000	0	200,000		800,000		3,200,000
残業時間月平均10時間	200,000	15,700	215,700		611,600	賞与で調整	3,200,000
残業時間月平均20時間	200,000	31,400	231,400		423,200		3,200,000
残業時間月平均30時間	200,000	47,100	247,100	残業代増加	234,800		3,200,000
残業時間月平均40時間	200,000	62,800	262,800		46,400		3,200,000

※残業の多い従業員は賞与を調整することで、他の従業員とのバランスを取る

全体で従業員の底上げをし、本人もやらざるを得ない方向に持っていくことが大切です。

朝礼や従業員ミーティングの活用で、業務の効率化について従業員同士が話し合いをする機会を持ちましょう。経営者が上から命令するだけではなく、従業員同士の横のつながりで、「言われたからやる」ではなく、「自ら気づいてやる」従業員を育てることが大切です。

残業を管理する仕組み作り

従業員に勝手な残業をさせない、必要な仕事をきちんとやってもらうためには、それぞれの担当業務を把握することが必要です。業務の洗い出しを行ない、従業員同士がほかの従業員が何をしているのか把握し合うように指導しましょう。

単純業務はマニュアル化し、担当者が不在であっても処理できる仕組みを作ると、お客様への対応もスムーズになります。

また、残業をする場合には「残業申請書」（次ページ参照）を提出してもらうようにしましょう。「申請書」を集計することで、全体の業務量を経営者が把握することができます。「業務の洗い出し→効率化→人員配置の見直し」をつねに行なうことで、ムダな残業時間の削減と、人を育てる仕組みができあがるはずです。「早く帰れ」と号令をかけるだけではなく、仕事の仕組みを作るのも経営者の役目です。

URLはもくじにあります。

ダウンロード対応

❖ 残業申請書（例）❖

社長承認印

平成　　　年　　　月　　　日

残業申請書

所属部門	氏名	残業終了 予定時間	残業事由	上司 承認印

※部門別に１日ごとに管理を行なう場合の書式例。

なにわの社労士が教える本当の損得!

【残業時間編】

「うちの会社、残業がなかなか減らないんです」という会社に限って、社長や管理職が遅くまで仕事をしている場合が多いものです。自分たちは管理職なので当たり前だという気持ちでやっているのですが、もし本気で残業を減らそうと考えるのであれば、自ら率先して就業時間内に仕事が終わるような段取りをつけることです。「ノー残業デー」を設定するなど、会社をあげて仕組み作りをすることが大切です。

「残業をさせたのに残業代を払わないことはできない」と企業側顧問をしている知り合いの弁護士は明言しています。残業代には抜け道はありません。人材配置や仕事の仕組みの見直しで、残業時間の削減を図るのが王道です。

4-3 年次有給休暇を取りまくる従業員への対処法

「真奈美先生、やたらと何度も有給休暇を取る従業員がいるんだけど、どうにかならないかな?」

「有休は労働者の権利やし、どうにもならへんよ」

「そんなあっさり言わないでよ。忙しいってわかってるはずなのに、急に朝電話してきて休んだりするんだよ。いくら権利とはいってもさ、それはあり得ないでしょう」

「それはちょっとヒドイな。有休を取るときって事前に申請させてへんの?」

「一応、事前には言ってもらうようにしてるんだけど、言いにくいときは電話で当日に言ってくるんだよね」

「有休を取るときのルールをちゃんと決めとくべきやな!」

有休は労働者の権利！

年次有給休暇（有休）は労働者の権利です。取りたいと言われたら断ることはできません。しかし、唯一、経営者に認められている権利が「取得時季の変更権」です。これは、業務の都合でどうしてもその人に仕事をしてもらう必要がある日は、「その日ではなくて別の日に休んでほしい（時季変更）」と言える権利です。

経営者が「時季変更」を行なうためには、従業員に「有休取得を事前に申請」してもらうことが必要になります。当日の朝に電話で言われても、時季変更のしようがありません。そこで、有休取得の際のルール決めが必要になります。

有休取得のルールを決める

有休申請については、「いつまでに誰に申請をする」というルールを決めておきましょう。有休の利用目的については、会社で制限することはできません。時季変更権のことを考えると「1週間前までに」と取り決めている会社が多いようです。

病気などの急な欠勤を事後に有休に振り替える場合も、本人に振替を申し出てもらうことが必要です。無断欠勤については有休への振替は認めないなど、会社の規律をきちんとしておくべきです。

有休消化のアンバランスを解消したいとき

有休を取らずに働いている人は会社への貢献度も高いと考えられるので、これに報いたいという経営者の気持ちもわかります。しかし、有休を取る人に対して不利益な取扱いをすることは、法律で禁止されています。

たとえば、有休を取れば皆勤手当を支給しないなどです。有休を取らない人に対して報奨金を出すのもNGです。有休の本来の目的は、「休みを取ってリフレッシュすること」ですので、在職中の有休の買取りについても禁止されています。

となると、有休を取る・取らないだけで従業員の貢献度を判断するのは難しいといえます。有休の取得率を考慮せず、会社への貢献度で賞与や昇給の査定をすることはできます。

暇なときに有休で休んでもらえるか？

逆に、会社側から有休消化を従業員に依頼できるのでしょうか？　会社が日を決めて休んでもらうためには、事前に従業員代表と労使協定を結ぶ必要があります。お盆休みや年末年始休暇を有給休暇の消化日と決めている会社もあります。

会社が従業員の有休消化日を指定することを、「年次有給休暇の計画的付与」といいます。通常は1月、もしくは4月に年間カレンダーを設定し、その中で有休消化日を指定します。

会社が従業員の有休消化日を指定できるのは、従業員が持つ有給休暇のうち5日を超える分だけとなります。すなわち、5日は従業員が自由に使える有休として残しておく必要があります。

このように、会社側からの有休消化の指定は、あくまでも計画的に実施されることを前提としており、業務の都合で急に休んでもらうということはできません。

なにわの社労士が教える本当の損得！

【年次有給休暇編】

経営者に年次有給休暇の話をすると、とたんに不機嫌になる場合があります。経営者からすると、仕事の対価として給与を支払っているのであって、仕事もしていないのになぜ給与を払わなければならないのかと、納得がいかないのでしょう。

経営者は、休みの日も寝るときも自社のことを考えています。しかし、経営者が毎日会社のことを考えるのは当たり前のこと。従業員の能力を最大限に発揮させる職場環境を考えて、その仕組みを作ることが、賢い経営者の仕事です。

有休を取りやすい会社ほど、従業員も有休の取り方を心得ているので、仕事の段取りを押さえたうえで休みを取っています。周囲の人も休むのは「お互い様」なので、うまくフォローし合って仕事はスムーズに回ります。

有休を取ることで従業員もリフレッシュし、「また仕事をがんばろう！」という気持ちになるものです。有休が取りやすい会社と取りにくい会社と、どちらの従業員が会社に貢献してくれるのか、いま一度考えてみてください。

4-4 突然、辞める従業員への対応法

「真奈美先生、従業員が急に辞めるって次の日から来なくなっちゃって……。すごく困ったんだけど、そういうのはどうにかならないもの？」

「どうにか言うても、首に縄つけて働かせるわけにもいかへんしな」

「でもさ、本当に大変だったんだよ。派遣社員を急に頼んだりしてさ」

「それは大変やったね。ところで辞めるときのルールは、ちゃんと決めてるん？」

「いや……。そんなのとくには決めてないな。でも、辞めるときは事前に言ってくるのが社会人の常識だよね！」

「ま、そやけど、いちいち伝えなわからん人もおるみたいやし。ちゃんと会社のルールを決めて伝えてへん社長も悪いで！」

❖ 辞める社員の兆候チェック表 ❖

チェック内容	チェック
仕事中にぼんやりしていることが多くなった	
遅刻・欠勤が目立つ	
目を見て話をしなくなった	
終業時間になったらそそくさと帰る	
同僚と距離を置くようになった	
落ち着かない様子でそわそわしている	
仕事にミスが目立つようになった	
有給休暇を頻繁に使うようになった	
仕事に対する意欲が感じられなくなった	

突然、辞める従業員への対応方法

残念ですが、突然辞める従業員への対応法はありません。突然辞めたので給与を支払わない、という選択も、もちろんできません。仕事をした分についての給与は支払う必要があります。

会社としてできることは、突然辞められないような仕組みを作ることです。なぜ、突然辞めるのか、引継ぎもしたくないくらい会社が嫌だから、突然辞めるのです。辞める前には必ず兆候があるはずなので、事前に面談を行なうなどコミュニケーションを取ることが大切です。

従業員の退職の意思が固ければ、無理をして引き止める必要はありません。ほかの従業員のモチベーションも下がることになりますので、きちんと業務の引継ぎをしてから、退職させるようにしましょう。

　従業員は、いつかは退職するものです。166ページでも述べましたが、誰がどんな仕事をしているのかを把握し、業務のマニュアル化を進めることで、退職者の穴を早急に埋めることは可能です。


　とはいえ、辞めることを前提に仕事をしている人は、独立志向の人や寿《ことぶき》退社願望のある人を除けば少数です。退職者が相次ぐ場合は、会社の風土、経営者の姿勢に問題がある場合が多いと考えられます。また、残業が毎日長時間にわたるなど、労働条件が劣悪な場合も退職者が増える要因になります。

　退職者が相次ぐ、しかも経営者にとって嫌な辞め方をされるというのは、自社の仕組みを見直すよい機会となります。現在、働いている従業員との面談やアンケートなどを通して、働きやすい職場環境になっているかどうかをチェックしましょう。

退職の際のルールを決める！

退職の際のルールは、あらかじめ決めておきましょう。たとえば、退職を希望する場合はいつまでに誰に申し出るのか、引継ぎはどのように行なうのかなどを決めておくのです。退職時の申し出をいつまでに行なうのか、入社時に交わす雇用契約書に書いておくとよいでしょう。従業員の人数が増えてきたら就業規則を作成して、その内容に盛り込むこともできます。

引継ぎは、退職者に担当業務の内容をおおまかに書き出させて、上司の指示のもとで引継ぎができるようにチェックリストを作っておくとスムーズになります。

退職の申し出期日や引継ぎ期間については、雇用契約の際に会社で決めることができます。「1か月前」、もしくは「3か月前」と決めている会社が多いようです。取り決めがない場合は、民法で従業員は退職希望日の2週間前までに申し出をすればよいとされています（期間の定めのない雇用契約の場合）。

また、退職時に企業秘密や個人情報について漏洩しないように、誓約書（次ページ参照）を書かせることも大切です。退職理由についても本人に書いてもらいましょう。

退職後に同業者に転職させないように制約をかけることができるかどうかは、法律によって「職業選択の自由」が保障されているので、実際問題として困難です。もちろん、顧客データの持ち出しなどは当然のことながら制約をかけることができます。

URLはもくじにあります。

❖ 退職時の誓約書（例）❖

ダウンロード対応

○○○株式会社
代表取締役 ＿＿＿＿＿＿＿＿＿＿ 殿

退職に際しての確認事項

私 ＿＿＿＿＿＿＿＿＿＿＿＿ は、平成　　　年　　　月　　　付で

下記事由により貴社を退職します。

1.　一身上の都合

2.　その他（　　　　　　　　　　　　　　　　　　）

退職に当たり下記事項を確認します。

記

1. 貴社に借入金等がある場合は、退職日までに速やかに精算を行ないます。
2. ユニフォーム等貴社からの貸与物は退職日までに返却します。
3. 貴社において秘密として管理されている一切の情報について、持ち出しや他に漏洩をいたしません。
4. 貴社の秘密情報を開示、漏洩、または使用した場合、また在職中に行った不正行為が退職後に発覚した場合には損害賠償責任を負うことを確認し、貴社が被った一切の被害を賠償します。
5. 退職後も在職中に行なった職務に関する貴社からの問い合わせに対し誠実に対応を行ないます。
6. 退職事由について今後一切の異議申し立てをいたしません。

平成　　　年　　　月　　　日

氏名 ＿＿＿＿＿＿＿＿＿＿＿＿＿＿＿＿ 印

退職後の住所 ＿＿＿＿＿＿＿＿＿＿＿＿＿

電話番号 ＿＿＿＿＿＿＿＿＿＿＿＿＿＿＿

退職前に有休消化を申し出られた場合

引継ぎを考慮して１か月前までに退職の申し出をするルールを決めたにもかかわらず、退職の申し出と同時に、有休消化を持ち出してくる従業員がいるようです。有休については前項で「経営者の時季変更権」について述べましたが、退職時には退職日を越えて時季変更権を行使することはできません。

解決方法としては、①退職日を先延ばしにしてもらう、②有休の買取りを行なう、ということが考えられます。退職時に限っては、有休の買取りは禁止されていません。ただし、退職時に残っている有休を買い取らなければいけない、という法律の決まりはありません。引継ぎがあり、退職日がどうしても引き延ばせない場合に限って、有休の買取りを行なうべきでしょう。

退職日の先延ばしをすると、有休消化期間についても社会保険料の負担をしなければなりません。この負担も考慮したうえで、できるだけ最短時間で引継ぎが完了するようにしましょう。

4-5 どうしても辞めさせたい従業員がいる場合の対応法

「真奈美先生、本当に信じられないくらいヒドイ従業員は、辞めてもらっていいよね？」

「えっ……、いきなりえらい物騒な話やな。でも従業員を辞めさせるってハードル高いで」

「そうなの？　でも本当にヒドイんだよ」

「たとえばどんなん？」

「自分勝手なんだよ。口調もきつくて、ほかの従業員が嫌がってるんだ。こないだも注意したら、ぷいっと出て行っちゃって3時間も帰ってこないんだよ。あり得ないでしょ」

「えっ、職場放棄やん。それはヒドイな」

「ほかにも禁煙場所でタバコは吸うし、机の上も散らかし放題。ホントに困るんだ」

「ちゃんと、そのたびに注意してるん？」

「呼び出して話はしてるよ。彼がいることで、ほかの従業員が辞めてしまうんじゃないかってそれが心配なんだ」

「なるほどな。大変なんはわかるけど、勤務態度が悪いだけで辞めてもらうのは難しいで」

従業員を辞めさせるときの法律上の制約とは

従業員が会社を辞めるときは、理由にかかわらずいつでも自由に辞めることができますが、経営者が従業員を辞めさせるときはそうはいきません。労働者を保護するための労働基準法や労働契約法によって、辞めさせるときの手続き方法が定められています（注：契約期間に定めのある従業員の場合は、契約期間中に退職をするためには相応の理由が必要になる）。

従業員を辞めさせることを「解雇」といいますが、「解雇」のルールは次のとおりです（次ページ表参照）。

❖ 解雇のルール ❖

原則	30日以上前の予告を行なうか平均賃金の30日分以上の解雇予告手当を支払う（平均賃金の計算方法は185ページ）
	解雇をするためには社会通念上客観的に見て合理的な理由が必要
法律で解雇ができない場合（例）	業務上の負傷・疾病での休業期間と、その後30日間の解雇
	産前産後の休職期間と、その後30日間の解雇
	国籍・信条・社会的身分を理由とする解雇
	労働基準監督署に申告をしたことを理由とする解雇
	性別を理由とする解雇
	結婚・妊娠・出産したこと、産前産後休業の取得、母性健康管理措置を受けたこと等を理由とする解雇
	育児休業、介護休業の申し出や取得を理由とする解雇
	労働組合を結成したり、組合活動を行なったことを理由とする解雇
	公益通報をしたことを理由とする解雇

「解雇をする理由」と「解雇の基準」

解雇のルールのなかで一番やっかいなのは、「解雇をするためには社会通念上客観的に見て合理的な理由がなければ解雇ができない」（労働契約法第16条）という決まりです。「客観的に見て合理的な理由」という判断基準は、人によって違います。この判断基準をめぐり、過去多くの裁判が行なわれてきました。現在では、最高裁判所の判例をもとに、案件ごとに解雇有効、無効の判断がなされています。

一般的には裁判まで至るケースは

多くはありませんが、ここで押さえておきたいポイントは、「それ相当の理由がなければ解雇はできない」という点です。

30日前に解雇の予告をするだけではダメなのです。解雇をするに相当する理由があることが求められます。

解雇をするにあたっては、あらかじめ「解雇の基準」をきちんと示すことが必要です。何をすればこの会社を解雇になるのか、事前に従業員に知らせておくということです。就業規則がある会社であれば、就業規則に解雇の事由を明記しなければなりません。就業規則の作成をしていない会社は、雇用契約書のなかに書いておきます。

「解雇の基準」は会社で決めることができますが、「客観的合理的」である必要があります。「客観的合理的」である基準とは、１００人いたら99人が「その基準はおかしくない」と判断するくらいのレベルと考えてください。

解雇は、本人の能力不足や協調性の不足、会社の経営上の都合を解雇の理由とする「普通解雇」と、従業員への懲戒罰としての「懲戒解雇」に分けられます。「懲戒解雇」をする場合には、懲戒規定が会社に存在していることが前提となります。

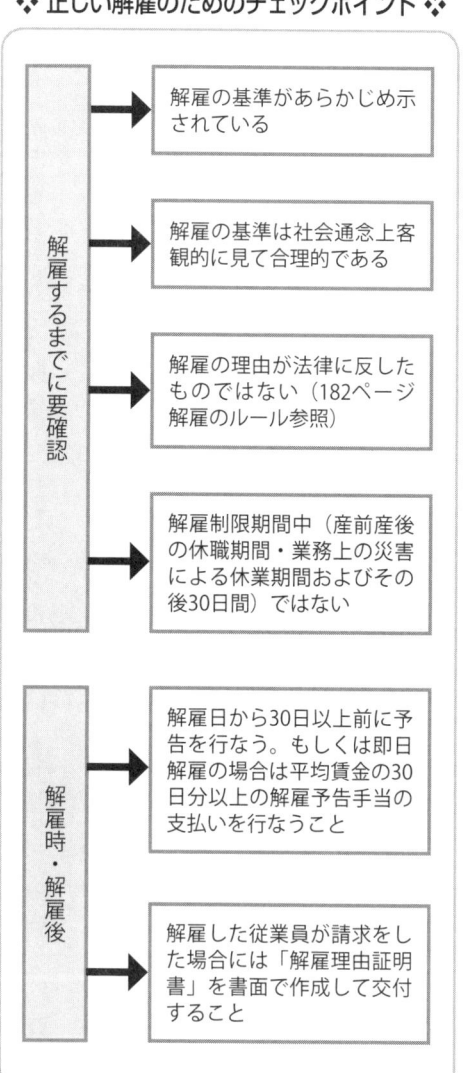

法律に違反しない正しい解雇の方法

法律に違反しない正しい解雇のためのチェックポイントは、左図の通りです。

解雇予告手当を支払う場合、税法上の取扱いは退職所得になりますので、通常給与と分けて税金の計算をする必要があります。

❖ 正しい解雇のためのチェックポイント ❖

解雇するまでに要確認

- 解雇の基準があらかじめ示されている
- 解雇の基準は社会通念上客観的に見て合理的である
- 解雇の理由が法律に反したものではない（182ページ解雇のルール参照）
- 解雇制限期間中（産前産後の休職期間・業務上の災害による休業期間およびその後30日間）ではない

解雇時・解雇後

- 解雇日から30日以上前に予告を行なう。もしくは即日解雇の場合は平均賃金の30日分以上の解雇予告手当の支払いを行なうこと
- 解雇した従業員が請求をした場合には「解雇理由証明書」を書面で作成して交付すること

❖ 平均賃金の計算方法 ❖

平均賃金の計算は、解雇予告手当の計算の際や休業手当の計算のときに使う。平均賃金を計算する事由が発生した日の直前の賃金締め日から3か月さかのぼり、その期間に支払われた賃金総額を3か月の暦日数で割れば平均賃金が出る。

月給者の場合 事例：2月5日に解雇通知。20日締めの会社の場合

	10月20日	11月20日	12月20日	1月20日	2月5日
暦日	31日	30日	31日		解雇通知
給料	210,000	200,000	215,000		

計算式：(210,000＋200,000＋215,000)÷(31＋30＋31)≒6,793.47(円)

(直近3か月の賃金総額)÷(直近3か月の暦日数)＝平均賃金

日給者・時間給者の場合

日給者・時間給者の場合は、3か月の賃金総額を総労働日数で割って、0.6を掛けて計算した結果と、月給者の場合の計算方法で出た数値の多いほうを採用する。

	10月20日	11月20日	12月20日	1月20日	2月5日
暦日	31日	30日	31日		解雇通知
労働日数	15日	18日	17日		
給料	150,000	180,000	170,000		

計算式A(月給者の場合と同じ計算式)
(150,000＋180,000＋170,000)÷(31＋30＋31)≒5,434.78(円)
(直近3か月の賃金総額)÷(直近3か月の暦日数)＝平均賃金

計算式B(日給者・時間給者のみの計算式)
(150,000＋180,000＋170,000)÷(15＋18＋17)×0.6＝6,000(円)
(直近3か月の賃金総額)÷(直近3か月の労働日数)×0.6＝平均賃金

この場合、計算式Bで計算をしたほうが平均賃金が高くなるので、計算式Bの計算結果を平均賃金として用いることになる。

解雇予告手当の支払い時期は、解雇の予告と同時に行なうべきであるとされています。

解雇予告手当の税法上の取扱いは退職金で!!

会社から労働契約の解除を一方的に申し渡すのが「解雇」ですが、予告期間をおかずに即日解雇をする場合は、平均賃金の30日分以上の「解雇予告手当」を支払うこととなっています。この解雇予告手当の税法上の取扱いは「退職金」となるので、解雇予告手当を支払う場合は、従業員に「退職所得の受給に関する申告書」を提出させ、通常支払われる退職金と合算して、月例給与とは別に税金の計算をします。なお、退職金扱いなので社会保険料・雇用保険料はかかりません。

会社の経営上の理由で整理解雇を行なう場合の注意点

会社の経営上の理由で整理解雇を行なう場合は、次ページの判断要素を確認します。必ずしもすべての要素をクリアする必要はありませんが、慎重に進めなければなりません。

裁判になった場合、経営上の必要性が認められない場合や従業員への説明義務を十分に果たしていない場合は、経営者による解雇権の濫用と見なされ、解雇無効の判断が下され

❖ 整理解雇を行なう場合の判断要素 ❖

1 整理解雇を行なわなければならないほど会社の経営状態が悪化しているのかどうか

---

2 解雇回避のための経営努力が十分になされたのちの決断であるのか

- 役員報酬のカット
- 一時帰休の実施
- 残業の削減
- 広告宣伝費・交際費などの経費削減
- 中途採用・新規採用の停止
- 配置転換・出向などの実施
- 希望退職者の募集

---

3 整理解雇の対象者を選ぶ基準は、客観的に見て社会通念上相当なものであるのか

---

4 整理解雇に至るまでに従業員に対し、十分な説明や話し合いの場を持っているか

る場合があります。

経営上の都合で人員削減を選択せざるを得ない場合、通常は整理解雇を行なう前に、希望退職の募集や、退職勧奨を行なうというステップを踏みます。希望退職の募集や退職勧奨については、あくまでも従業員と合意のうえ退職してもらうことになるので、後々トラブルが発生するリスクが軽減できます。

希望退職の募集や退職勧奨に法的な制限はありませんが、従業員に不安を与えたり、取引先などにその情報が洩れた場合に経営危機と見なされるリスクがあるので、慎重に行ないましょう。希望退職の募集や退職勧奨を行なう場合は、通常は退職金の上乗せなど、何らかの条件提示をするケースがほとんどです。

解雇の弊害と決断する前にすべきこと

解雇の手続きの煩雑さやトラブル発生のリスクのほかにも、従業員を解雇することの弊害はあります。まず、従業員を解雇すると会社のムードが一気に悪くなります。在籍している人のモチベーションが下がり、「いつか自分も解雇されるのでは」という不安を抱えて仕事をすることになります。

また、従業員を解雇することで一定期間、雇用関係の助成金申請ができなくなります。「試行雇用奨励金」など比較的受給しやすい助成金でも、解雇を行なってから6か月間は申請できません。

法律の手続きを踏んだとしても、解雇した従業員からは恨まれることもあります。ある小さな小売店で地域に住むパート従業員を解雇したところ、お店の悪い評判が一気に広がり、売上が一時激減した事例もあります。解雇をする前に、よくよく考えたうえで実行に移すことが大切です。

「解雇には理由が必要だ」と述べましたが、そのほか、解雇の理由となる内容について会社が改善指導を行なったかどうかも解雇有効無効の判断材料となります。たとえば、勤怠状況が悪い従業員に対して、注意をして始末書を取るなど適切な指導も行なわず、遅刻回数だけをカウントして「遅刻が○回に達したので解雇します」では通用しないということです。

どうしても従業員を辞めさせたいときは

どうしても従業員に辞めてもらいたい場合は、「解雇」ではなく「退職勧奨」を行なうとよいでしょう。これは、従業員に「退職届」を出してもらい、自分の意思で辞めてもらうという方法です。「解雇」と「退職勧奨」は大きな違いがあるのです。

「解雇」とは経営者から一方的に労働契約の終了を申し渡すことです。解雇通告をされた従業員は「嫌だ」と言っても、そこで労働契約は終了です。ただし、解雇にはさまざまな法律のしばりがあるので、容易に解雇できないのはこれまで説明してきたとおりです。

一方、「退職勧奨」とは、経営者と従業員が話し合いのうえで、経営者側から退職を促し、従業員が納得したうえで退職届を提出してもらうことです。「解雇」が相手の意思を考慮しない一方的な通告であるのに比べて「退職勧奨」は合意による労働契約の解消となります。

「退職勧奨」には法律のしばりはありません。いつでもどんな理由でも「退職勧奨」をすることはできますが、「退職勧奨」をされて辞めるか辞めないかを決めるのは従業員自身です。「退職勧奨」をしたからといって必ず退職してもらえるとは限りません。執拗な「退職勧奨」を行なった場合は「嫌がらせ」として捉えられ、新たなトラブルの原因となるので要注意です。また、従業員から慰謝料請求をされるケースもあります。

「解雇」で辞めてもらうのと、「退職勧奨」で辞めてもらうのとでは、後々トラブルになるリスク度がまったく違います。できることなら「退職勧奨」で、従業員に納得してもらったうえで退職届を出してもらうという方法を選択するのがベターです。なお、あとでトラブルにならないために、必ず書面で退職届を提出してもらいましょう。

退職者が失業給付を受給する際は、「退職勧奨」も「会社都合」での退職となりますので、自己都合退職者ではなく「特定受給資格者」となり、自己都合退職者よりも、失業手当受給の際は優遇措置を受けることができます。

解雇者を出さない仕組みを作る

「解雇」は、する側もされる側も、気持ちのよいものではありません。双方が嫌な思いをしないために、解雇者を出さない仕組みを作ることも大切です。人は周りの環境でいいようにも悪いようにも変わります。職場環境をよくすることが、解雇者を出さないために一番大切なことです

なお、困った従業員の辞めさせ方については拙著『トラブルにならない　社員の正しい辞めさせ方・給料の下げ方』（日本実業出版社刊）に詳述しています。

職場環境改善の一例

- 経営者と従業員、また従業員間のコミュニケーションを図る
- 経営理念・経営方針を明確に打ち出し、会社として求める人材像を明確にする
- あいさつ・返事・報告連絡相談・整理整頓清掃・時間を守ることなど、社会人として基本的なルールをみんなが守るようにする
- 教育訓練、表彰制度の活用
- 家族に職場見学会や懇親会に参加してもらい、家族ぐるみの付き合いをする

なにわの社労士が教える本当の損得!

【就業規則編】

「うちの会社はまだ従業員も少ないし、就業規則は必要ない」と考えている経営者もいらっしゃるかもしれません。労働基準法の決まりでは、「従業員数が10人以上の会社については就業規則を作成して労働基準監督署に届け出ること」とあります。

本書に登場する小久保さんの会社は従業員数が10人未満で、また「雇用契約

書も作成していなかった会社」なので、あえて「就業規則」の話には触れていません。

雇用契約書を作成するようになれば、就業規則に書かなければならない内容のキモの部分（労働時間、休日、休暇、給与の支払い方など）を網羅することができます。まずは、雇用契約書をきちんと作成することが大切です。ただし、この章で紹介したようなトラブル従業員に対応するためには、従業員が10人未満の会社であっても就業規則を作っておいたほうが望ましいのは確かです。

就業規則は会社におけるルールブック。仕事をしていくうえでの細かいルールすべてを雇用契約書に書き込むのは困難なので、就業規則を作れば、従業員すべてが「会社の共通ルール」を共有することができます。

「就業規則」の例は、都道府県労働局のホームページからダウンロードできます。ただし、行政が提供する「モデル就業規則」や市販の就業規則のヒナ形をそのまま使うと、実際にトラブルが起こったときに対応できない場合もありますので、できれば専門家に相談するのがよいでしょう。商工会議所などが実施している「専門家派遣制度」を利用することもできます。

ポイント

第4章 トラブル従業員への正しい対応法 のまとめ

1 遅刻を繰り返す従業員は放置せずに、すべて記録を文書で残す。

2 意味のない残業をする従業員には職務分析をしてもらう！　能力にあった仕事と仕事に合った給与を支払うようにする。

3 有休を取りまくる従業員を止めることはできない。有休取得のルールを決めておく。

4 突然退職する従業員は「辞めてくれてよかった」と思うようにする。いつ誰に辞められても困らない仕組み作りが大切。

5 どうしても辞めてもらいたい従業員がいる場合は、「解雇」ではなく「退職勧奨」で対応する。

第5章

労働条件を変更するときはココに注意！

この章で学べること

- 労働条件の不利益変更の中身
- 労働条件を見直すときのストーリーの作り方
- 経営不振で給与の引下げや、一時帰休をせざるを得ない場合の対応法
- 監督署や労働組合に従業員が駆け込んだときの対応法

5-1 約束は守る！不利益変更に注意！

「真奈美先生、従業員の給与と就業時間の見直しをしようと思うんだけど、注意したほうがいいことはある？」

「注意せなアカンことは1つや。約束を守る！　ということやね」

「えっ！　約束って？」

「従業員が入社するときに決めた労働条件のこと。あと、そのときは決めなかったけど、あとで慣習になってること」

「ふ〜ん。でも見直すってことは、一度した約束を変更することだよね？」

「おもに、何を見直したいん？」

「頑張ってる人にもっと給与を払いたいんだ。その増やす原資を仕事の結果を出していない人から分けてもらおうと思うんだけど、それはダメなの？」

「なるほどな。まぁ、その気持ちはわからんでもないけど。給与は上げるのは簡単やけど下げるのはホンマにむつかしいで」

労働条件を見直したいときは？

労働条件を見直す際にすべきことは、「従業員が入社したときの最初の約束はどうなっていたのか」、その後、「実際の労働条件はどうなっていたのか」を確認することです。給与体系の変更で給与が下がる場合や、営業時間の延長で労働時間が長くなる場合など、従業員にとって不利な労働条件に変更するには、従業員の個別の同意が必要です。

休日を増やす代わりに１日の労働時間を延長し、１年間の総労働時間にすると不利益な変更になっていないようなケースでも、話合いによる同意を得る必要があります。「給与」「労働時間」「休日」など、従業員にとって重要な労働条件を見直す際には、すべて従業員の同意が必要だと認識してください。同意を得るには、変更が必要な理由と、その判断基準についで時間をかけて話し合うことが大切です。

給与の見直しをしたいとき

給与の見直しは、とくに慎重に行ないます。従業員の会社への貢献度により従業員間の差をつけたい場合は、一般的には賞与で調整することが多く、仕事の成果が出ない人の月例給与を引き下げることは、よほどの理由がない限りできないと考えてください。いったん雇ったからには会社で教育訓練をして、その人の能力を引き出さなければなりません。何も対策を打たずに、本人の能力不足を理由として給与の引下げはできません。

人事評価制度を導入して、新しい賃金テーブルを導入することになっても、必ず移行措置の期間を設けなければなりません。「調整給」を支給して当面の給与が下がらないように配慮し、昇給の幅を抑えて3年くらいかけて、本来の職務等級に合った給与に変更していくようにします。

仕事ができる人により多く給与を払いたい場合は、役職につけて役職手当で対応する方法もあります。しかし、給与を上げるための原資を、仕事のできない人から奪うということはできないので、総額人件費の枠のなかで賞与を調整するのが一般的です。

5-2 労働条件を見直す際のストーリーの作り方

「真奈美先生、いままでの話を聞いてたら、基本的には最初に決めた条件の変更はできないってことだよね？」

「まぁ、そやね。従業員にとって有利な変更はいいけど、不利な変更は要注意というか、やめといたほうが安全ってことかな」

「それだったら、最初にしっかり決めておかないとダメってことだね」

「そうそう、だから雇用契約書を作るときに、最低限、何を守らなアカンのかを知ったうえで、いろいろ決めていかなアカンってことやねん」

「なるほど。でも仕事を続けるなかで、変更しないといけないことが出てくるよね。そのときは、どうすればいい？」

「そやねんな～。変更のときは、それなりのストーリーを作って、『アメとムチ作戦』しかないかな」

「アメとムチ作戦!?」

労働条件を見直す際は『アメとムチ作戦』で

いったん決めた労働条件をまったく見直すことができないとなると、経営上、動きがとりにくくなります。「土曜日は休みにしていたが、お客様応対のために交替で出勤してほしい」「出社時間を早めたい」など、最初の約束を変更したくなる場合もあるでしょう。

このような場合は、事前に計画を立て、経営における変更の必要性や、変更の結果予想される利益と不利益について、従業員と話し合う必要があります。

1日の就業時間を長くする場合は「休日の数を増やす」、土曜日に交替で勤務をしてもらう場合は「平日に休みを取れるような体制にする」「土曜日に出勤ができない人への対応をどうするか考える」など、変更に対するケアが必要です。

全体の労働時間を変更するよりも、残業や休日出勤のレベルで解決できるのであれば、そのほうがコストが安くなる場合もあります。さまざまな角度から、変更の必要性と変更した場合に起こり得る不利益を考え、従業員と十分な話合いをしながら慎重に決断しましょう。

また、労働時間と賃金は比例するので、労働時間が長くなる場合は賃金もその分増やさなければなりません。しかし、逆に休日を増やした場合、労働時間が短くなったからといって従業員の月給を引き下げることは難しいとされています。

会社の経営状態から昇給が難しい場合、休日を増やして昇給の代わりとするのは可能です。ただし、年間労働日数が変わる場合は、残業代の単価が変更になるので注意しましょう。

給与を見直す際は金額だけの変更をしないこと

給与の見直しを行なう際は、単に支給額だけを見直すのではなく、人事評価制度を導入するなどして、給与の決め方や支払い方自体を変更するほうがベターです。

小さな会社では、基本給は一定の年齢に来たら昇給幅を抑え、「役職につかなければ、ほとんど昇給がない」という仕組みを取り入れている会社もあります。

人事評価制度を導入する場合は、制度設計に時間をかけて、慎重に進めることが大切です。「職務分析」「評価基準の作成」「評価者の訓練」など、従業員を巻き込んで行なうとよいでしょう。

役職手当や職務手当の導入で、従業員の責任や職務内容によって給与の差をつける場合も、昇格の基準や評価の基準は従業員にわかりやすいものにしたほうがよいでしょう。「この会社ではどんな人材が求められているのか」「何をすれば昇格したり、より責任のある仕事を任せてもらえるのか」ということが見えていると、従業員のモチベーションも上がり、成長速度が加速されます。

会社への貢献度によって給与にメリハリをつける場合は、評価の低い従業員が置き去りにならないよう、給与体系を変更することで従業員のモチベーションを上げ、全体のレベルアップができるような仕組みにしたいものです。

なお、給料の見直し方については、拙著『小さな会社の正しい給料の下げ方・人件費の減らし方』（日本実業出版社）に詳述しています。

5-3 経営不振による給与の引下げ・一時帰休をせざるを得ないとき

「真奈美先生、経営が苦しくなってどうしても給与が支払えなくなったら、給料を引き下げることはできる？」

「そやな、引下げするんやったら、従業員の同意がいるで」

「じゃあさ、休んでもらって、その分の給料を払わないってことはできるよね」

「仕事がなくて従業員に休んでもらう場合も、給料の一部は払わなアカンねん」

「えっ、そうなんだ」

「会社の都合で休んでもらうときは『休業手当』を払わなアカンねんで。これはおおよそ給料の６割やねんけどな」

「6割か〜。経営が厳しいときは、正直、会社にとってはその支払いも苦しいよね」

「急激な景気悪化で仕事が減って、従業員さんに休んでもらわなアカンようになったときは助成金があるで。さっき説明した休業手当を出してることが前提やけど」

「へ〜、そんなときも助成金が使えるんだね」

経営不振による賃金一律カットは許される？

経営を長く続けていれば、急激な景気悪化などで経営不振に陥り、雇用を維持するために給与の引下げや一時帰休をせざるを得ないケースもあるでしょう。ニュースなどで『○○株式会社が全社員給与一律△%カット』という見出しが躍ることがありますが、業績不振を理由に従業員の給与を一律カットすることができるのでしょうか。

結論からいうと、会社の勝手にはできません。賃金カットは労働条件の不利益変更になるので、実施するためには従業員の個別の同意が必要です。ニュースで報じられたような会社の場合は、労働組合との話合いで合意に至っているケースがほとんどです。

経営不振による賃金カットを行なう場合は、従業員に対して会社の経営状況と今後の見通しについての説明の場を持ちます。その場で賃金カットの割合や期間についての会社案を提示し、個別に同意を取る必要があります。

その際、第4章の整理解雇（187ページ図表）で説明したように、「各種経費の削減」「非正規社員の雇用調整」「新規採用の抑制」「役員報酬のカット」など、会社としてできる対策はすべてしたうえで従業員の賃金カットに手をつけるべきでしょう。

賃金カットの割合が10％を超える場合は、従業員の生活にかなりの負担を強いることになります。どうしても10％を超える賃金カットをしなければならない場合は、賃金の一律カットではなく、人員削減も視野に入れるべきかもしれません。ただし、一度人員削減をしてしまうと、景気が回復した際の対応がすぐにできず、会社の業績回復が遅れる可能性も出てきます。

一時帰休をする場合の休業手当の支払い

製造業の会社などでは、仕事の受注量が激減した際、生産調整を行なうために工場の一

❖ 経営不振による賃金カットを行なう手順 ❖

賃金カットの割合・期間を決める

▼

賃金カットを基本給本体で行なうのか、
各種手当をカットするのかを決める

▼

従業員に対して説明を行なう

▼

変更後の新賃金について、書面で個別に合意を取る

▼

就業規則がある場合は、就業規則の変更を行なう

時帰休を選択するケースがあります。

こうした場合、休業日について全額賃金カットをすることはできません。会社の都合で従業員を休ませる場合は、休業1日あたり平均賃金の6割以上の休業手当を支払う必要があります。パートタイマーについても同様です（平均賃金の計算方法は185ページ参照）。

なお、賃金カットの手順については拙著『トラブルにならない 社員の正しい辞めさせ方・給料の下げ方』（日本実業出版社刊）に詳述しています。

景気の後退期に使える助成金

「雇用調整助成金」は、景気悪化に

❖ 景気の後退期に使える助成金 ❖

（2011年8月現在）

●**雇用調整助成金**
http://www.mhlw.go.jp/general/seido/josei/kyufukin/a01-1.html

●**中小企業緊急雇用安定助成金**
http://www.mhlw.go.jp/general/seido/josei/kyufukin/a01-2.html

より従業員を休業させざるを得なくなった場合に申請できる助成金です。この助成金では、従業員に支払わなければならない休業手当の３分の２から５分の４を補填してもらうことができます。支給額および支給日数の上限が定められていますが、従業員に対して教育訓練を行なった場合や、出向をさせた場合にも利用できるのがメリットです（支給基準は２０１１年８月現在のもの）。

２００８年12月、中小企業に対する「中小企業緊急雇用安定助成金」が創設されましたが、「雇用調整助成金」より手厚く、受給要件についても緩和されたものとなっています。

雇用関係の助成金を使うためには、雇用保険に加入していることが必須条件ですが、そのほかにも「労働保険料を滞納していないこと」などの要件がありますので、その都度、確認してください。

5-4 監督署や労働組合に駆け込まれたら

「真奈美先生、こないだ知り合いの社長の会社に監督署が来たみたいなんだ」

「どないしたん？」

「辞めた従業員から残業代を請求されたらしいよ」

「え、そうなんや。それでどないしたん？」

「計算して払ったらしいけど、予定外の出費になって大変だったみたい。監督署って、いったいどんなときに来るの？」

監督官がやってくる⁉

労働条件の不利益な変更を従業員の同意なしに強引に実施したり、最初の約束で決めた労働条件が守られていないと、これを不服とする従業員が労働基準監督署や個人加入できる労働組合に相談に行くケースが多発しています。

では、労働基準監督官が会社を訪れるケースとはどんな場合なのでしょうか。

労働基準監督署の監督官が会社を訪れるときには、大きく分けて、「定期監督」と「申告監督」の2つのパターンがあります。死亡事故等が発生した場合の災害調査もありますが、今回は労働条件に関する調査についてご説明します。

◆定期監督で訪れるケース

定期監督とは、労働基準監督署の年間計画に沿って、任意に選出された会社の労働条件について調査を行なうものです。調査されるおもな内容は次のとおりです。

①賃金台帳、労働者名簿、出勤簿、タイムカードの整備状況

②所定労働時間が法定労働時間内であるのか。時間外労働をさせている場合、時間外協定は提出されているのか、割増賃金の支払いはされているのか

③労働時間が適正に管理されているか

④採用の際に労働条件の明示はされているのか

⑤控除協定なしに給与から控除されているものがないか

⑥定期健康診断が実施されているか

⑦従業員が常時10名以上の場合は就業規則の作成・届出がなされているか

これらの点についてチェックされ、労働基準法の違反が疑われるものに関しては「是正勧告書」や「指導票」が切られます。その場合は、監督官の指定する期日までに（通常次回の給与支払日以降）、是正した結果を「是正報告書」として提出する必要があります。労働基準監督官は司法警察員でもありますので、悪質な違反であり是正が期日までになされなかった場合は、送検されることもあります。

◆申告監督で訪れるケース

定期監督が監督署の年間計画の一環としてやってくるのに対し、申告監督は在職中もし

くは退職した従業員からの、いわゆる「タレコミ」で調査にやってくるものです。ある程度、情報をつかんだうえで調査の対象も絞り込んでくるので、対応は厳しくなります。

従業員側からの申告内容として多いのは、「給与が約束どおり支払われていないこと」「残業代の未払い」「解雇予告手当の未払い」などです。残業代の請求の場合は、在職中もしくは退職した従業員が給与明細やタイムカードのコピーを監督署に持ち込んでいる場合が多く、徹底的に調べられます。未払いが確認されると、賃金請求の時効である2年前にさかのぼって是正を求められます。

個人加入の労働組合に従業員が駆け込んだら？

会社に不満を持つ従業員が駆け込む場所は、監督署だけではありません。最近では個人で加入できる労働組合がありますので、そこに駆け込む従業員もいます。

従業員が労働組合に駆け込むと、労働組合から団体交渉の申入れがなされます。団体交渉の申入れは拒否することはできません。もちろん、交渉日程や時間変更を依頼することはできます。しかし、変更ばかりでなかなか交渉の場を持とうとしないと解釈された場合は、「誠実対応義務」に反していると判断され、「不当労働行為」と見なされる場合があるので要注意です。

法律をきちんと確認して「不当労働行為」と捉えられないように誠実に対応することが必要ですが、企業の経営権を侵害するような無理な要求まで受け入れることはありません。会社としてできることと、できないことを明確にして交渉を行なうことが必要です。

また、個人加入ができる労働組合に駆け込まれた場合、相手は交渉のプロです。交渉がこじれそうな場合は、弁護士など早めに専門家に相談をすることが大切です。

なにわの社労士が教える本当の損得!

【監督署・労働組合への対応編】

労働基準監督署や労働組合に駆け込む従業員なんて滅多にいない、と思う経営者も多いかもしれませんが、いまの従業員はインターネットなどでさまざまな情報を得て、監督署や労働組合に対する敷居が低くなっていると感じます。

労働条件や待遇について、労働基準監督署や労働組合に相談をするのは従業員の権利ですから、これを止めることはできません。また、監督署や労働組合がやってくるということは、何らかの法律違反をしている可能性があったり、不利益変更をしている可能性があるので、真摯に対応すべきでしょう。

監督署や労働組合に対する対応は、専門家（弁護士、社労士など）に相談しましょう。費用はかかりますが、なにより問題の早期解決や、有効な対応策を打つ手助けをしてくれるのが大きなメリットです。

ポイント

第5章 ──労働条件を変更するときはココに注意！── のまとめ

1 給与の引下げは原則不可！　給与体系を変更するときは、移行措置の期間設定を。

2 給与以外の労働条件を変更する場合は、交換条件を用意する。

3 労働条件の変更を行なうときは、従業員に対する説明や話合いの場を設け、時間をかけること。

4 経営不振の際の賃金カットにも、従業員の同意が必要。

5 監督署や労働組合の対応は、法律を踏まえたうえで慎重に。早めに専門家に相談を。

第6章

正しい退職のルール

この章で学べること

- 雇用契約が終了する場合とはどんなときか
- 退職の手続きのフロー

6-1 従業員との雇用契約が終了するとき

「真奈美先生、従業員から退職の申し出をされたんだけど、引止めってできるのかな？」

「無理に引止めはでけへんけど。一度、時間を取って話をしてみたらどない？」

「彼が抜けるとけっこうイタイんだよね。なんとか残ってくれればいいけど」

「まぁ、引き止めは無理やとしても、外注先として今後も仕事ができるかもしれへんし」

「そうだね。きちんと話をしてみるよ」

従業員との雇用契約が終了するとき

従業員との雇用契約が終了する場合は、次のケースがあります。

①従業員からの退職の申し出
②会社側からの解雇
③雇用契約期間の定めがある場合で契約期間が満了した場合
④従業員が死亡した場合

以下、順に見ていきましょう。

①従業員からの退職の申し出

従業員からの退職の申し出は、いつでも自由に行なうことができます。退職の理由も自由です。雇用契約期間の定めのない場合は、民法によって退職を希望する日の14日前までに申し出ることと決められています。

実務上は、引継ぎ等があるので、雇用契約を結ぶ際に「退職を希望する場合は○日前までに申し出ること」という決まりを入れておいたほうが望ましいでしょう。会社に就業規則がある場合は、就業規則に記載しておきます。ただし、法的な拘束力はありませんので、突然、従業員が退職したとしても、なんらかの罰則が法律で定められているわけではありません（180ページ参照）。

②会社側からの解雇

会社側から従業員を退職させることを「解雇」といいます。従業員がいつでもどんな理由でも自由に退職ができるのに対して、会社側からの解雇については、労働基準法や労働契約法で厳しく制限されています。どんな場合に解雇になるのか、雇用契約書、もしくは就業規則に明記しておく必要があります。

解雇には、「普通解雇」と「懲戒解雇」があります。「普通解雇」は、従業員の能力不足や、身体故障により労働力が提供できなくなった場合、会社の経営上の都合で人員整理を行なう場合などが当てはまります。「懲戒解雇」は、会社の懲戒規定に基づき、懲戒解雇事由に相当する場合に、懲罰として行なわれます。

いずれにせよ、解雇をする場合は労働基準法に定められたルールを守ること（30日以上前の予告もしくは平均賃金30日分以上の解雇予告手当の支払い）や、法律で定められた解雇ができないケースを押さえておくこと、また、解雇するためにはそれ相当の理由が必要であることなどを認識したうえで、慎重に判断しなければなりません（182ページ図表参照）。

③契約期間が満了した場合

雇用契約期間の定めがある場合に、契約期間が満了して契約更新がなされなかった場合は、その時点で労働契約は終了します。ただし、契約更新を何度も繰り返している場合や、契約更新の手続きをその都度行なっていない場合は、「期間の定めのない雇用契約」と同じ扱いと見なされ、契約を更新しない理由等が必要になる場合があります。契約社員の取扱いについては、20ページを参照してください。

④従業員が死亡した場合

従業員が死亡した場合、その時点で労働契約は解消されます。従業員が死亡した場合の給与の支払いは、通常、相続人に支払われることとなります。

6-2 退職の申し出があったときのフロー

「真奈美先生、従業員が退職するときにやらなければならないこと教えて」

「まず退職届をきちんと書いてもらうことやな」

「引継ぎも大事だよね」

「そやな。退職日までの期間で引き継いでもらうことを一覧にしとかなアカンで」

「あまり時間がないから急いで取りかかるね」

従業員から退職を告げられたら

従業員から退職の意思を告げられたら、以下の手順で対応しましょう。

①退職理由を聞き、その意思を確認する
②退職日の確認をする
③引継ぎについて指示を出す
④退職届を書いてもらう
⑤給与の精算、返却物について必要事項を伝える

①退職理由を聞き、その意思を確認する

従業員から不意に退職の申し出を受けた場合、仕事の段取りも狂いますし、何か気に入らないことでもあったのか、労働条件が悪かったのかと、あまりよい気持ちはしないものです。

しかし、辞めていく従業員から本音を聞くチャンスともいえます。経営者には見えてい

ない会社の問題点を指摘される場合も多々あります。退職の申し出があった場合は、なぜ退職を決意したのか理由をすべて聞き出し、次の採用や社員管理のヒントにしましょう。

どうしても辞めさせたくない従業員である場合は、理由を聞いたうえで、その原因を取り除けば退職を撤回してもらえるのかを聞き、慰留に努めましょう。誠心誠意をこめて慰留しても駄目であれば、そこはきっぱりあきらめましょう。退職の撤回について、強要することはできません。

また、経営者やほかの従業員との意思疎通がうまくいかず、「思い込み」で退職を決意している場合もありますので、慰留を考える場合は、理由をじっくり聞いて、退職の意思がゆるぎないものなのか確認してください。

②退職日の確認をする

従業員の退職の意思が固まっていると確信したら、退職日の確認をします。あらかじめ雇用契約書や就業規則で「退職を希望する場合は○日前までに申し出ること」と決められていることを伝え、それに沿って退職日を決めます。

給与の締め日や仕事の段取り、引継ぎの期間を考えたうえ、退職日の調整をしましょう。

調整といっても、従業員の希望する退職日が最優先です。

ここで注意したいのは、「次の人が決まるまで会社にいて」というような、退職日をハッキリ決められない約束をしないことです。

また、従業員が1か月先の退職日を指定しているのにもかかわらず、「それだったら明日から来なくていいよ」と告げることは厳禁です。これを言ってしまうと「解雇」になってしまうので、給与の約1か月分以上（正確には平均賃金の30日分以上）の解雇予告手当の支払い義務が発生します。もちろん、話合いのうえで従業員と退職日の変更について合意できれば問題ありませんが、あえてトラブルの原因となる行動は慎むべきです。

③引継ぎについて指示を出す

退職日が決まれば、それまでに引継ぎを完了させましょう。後任者が決まっていない場合は、求人と並行して引継ぎを行ないます。まず、担当業務の洗い出しをしてもらい、現在取りかかっている案件の進行状況を一覧にしてもらいます。

単純業務については、ふだんからマニュアル化を進めておくのが大前提ですが、マニュアルができていない場合は、退職日から逆算して完成できる範囲でマニュアルを作成してもらいましょう。在職中に処理した業務のファイリングや、データの整理をしてもらうことも大切です。

営業職など担当先がある場合は、担当者の引継ぎが最も重要です。次の担当者が決まるまでの間はいったん上司に引継ぎを行ないましょう。担当者が変わることで、お客様に不安を感じさせないようにしなければなりません。

限られた時間で引継ぎを行なうため、チェックリストはきちんと作成し、余裕を持ったスケジュールで引継ぎが完了するようにします。退職後も引継ぎのために会社に来てもらう場合は、日当・交通費の支払いについて、あらかじめ決めておきましょう。

また、情報漏洩を防ぐため、退職する従業員が自宅に持ち帰って作業することのないように、無理のないスケジュールを立ててください。

④退職届を書いてもらう

退職の申し出は口頭でも構わないのですが、やはり書面にして残しておいたほうが、後々無用なトラブルになるリスクが軽減されます。会社側で書式を用意して、そこに、「名前」「退職日」「退職理由」を記入してもらう方法もあります。その際、退職後の連絡先も一緒に聞いておきましょう。

また、退職後秘密保持などについては誓約書を書いてもらいましょう（178ページ図表参照）。

⑤給与の精算、返却物について必要事項を伝える

退職日が決まったら、給与の精算や返却物について必要事項を伝えましょう。給与の精算は、通常どおりの締め日、支払い日で処理をして支障はありません。

退職金を出す場合は、退職金の支払い時期について伝えましょう。退職金規定に支払い時期を記載している場合は、その規定に沿って支払いを行ないます。

出張経費の仮払いなど未精算の現金がある場合は、すみやかに精算を行ないます。給与の前借りなど、会社からの貸付金がある場合の返済方法についても確認が必要です。貸付金は、最終の給与や退職金で支払ってもらうなどして、貸付金が残ったまま退職されることのないように注意しましょう。

そのほか、ユニフォーム、ノートパソコンなど、会社からの貸与物についての返却方法と返却日の確認、社会保険に加入をしている場合は、健康保険証の返却日、返却方法について確認します（次ページ表参照）。

❖ 退職時の社員からの返却物・提出物チェックリスト ❖

返却・提出してもらうもの	チェック
健康保険証	
ユニフォーム	
ノートパソコン	
工具類	
社員証	
会社名義のクレジットカード	
貸付金	
退職時の誓約書	
退職所得の受給に関する申告書（退職金がある場合）	

なにわの社労士が教える本当の損得！

【退職編】

従業員から退職の申し出を受けたとき、経営者はまた採用を考えなければなりませんし、これまで従業員に行なった教育もすべて無駄になるという思いで、ついつい退職者を邪険に扱ってしまう場合があります。しかし、ここは我慢のしどころ！　退職して外の社会に出ていくということは、いずれビジネスでの付き合いになるかもしれません。気持ちよく送り出してあげることが大切です。

とくに、会社の労働条件に不満を持って退職した場合は、従業員が退職後に労働基準監督署に駆け込むリスクもあります。実際に、いままで私自身が相談を受けた未払い残業代の請求の案件は、すべて退職者からのものでした。

トラブルに巻き込まれないためには、法律を遵守するのはもちろんですが、在職中の労をねぎらうなど、退職者を気持ちよく送り出すことです。「終わりよければすべてよし」という言葉もあります。ある会社では、最終出勤日に必ず社長が従業員全員の前で花束を贈呈し、在職中の労をねぎらう言葉をかけるようにしているそうです。

ポイント

第6章 正しい退職のルール のまとめ

1 従業員からの退職の申し出はいつでもどんな理由でも自由に行なうことができるが、会社側からの解雇は法律のしばりがある。

2 契約社員の場合でも、きちんと契約更新の手続きを踏んでいないと、契約期間満了で当然に退職をしてもらうことが難しい場合も。

3 急な退職の申し出があった場合でも、引継ぎのマニュアルを作成するなどして、業務に支障がないようにする。

おわりに

『小さな会社の トクする 人の雇い方・給料の払い方』を最後までお読みいただき、ありがとうございました。

いかがでしたでしょうか。

本書を執筆するときに、一番考えたことは、「経営者の困りごと視点で書こう！」ということです。世の中に労働法や社会保険について書かれた本はたくさんありますが、ほとんどが「制度ありき」で、法律の解説を中心にまとめたものが多いように感じたからです（もちろん、だから悪いというわけではなく、本書の解説で足りない部分は、それらの専門書で補完をお願いすることになるのですが）。

人を雇う経営者が、採用から退職までの間にぶち当たる壁は、必ずしも労働法の分野だけにとどまりません。社会保険や給与の計算などでつまずくこともあるでしょう。

この本の登場人物である小久保さんが、「真奈美先生、〇〇〇ってどうなの？」と投げかける質問は、私が実際にクライアントである経営者から寄せられたものばかりです。

経営者のみなさんが、いまさら人には聞けないと思っているような疑問が本書で１つでも解決されたなら、これほどうれしいことはありません。

最後に本書の執筆にあたり、御世話になった関係者のみなさまにお礼を申し上げます。企画書から原稿の校正まで、全般にわたってアドバイスをいただきました有限会社アイ・コミュニケーションの平野友朗さん、原稿構成のヒントをいただきましたサイバーローグ研究所の大橋悦夫さん、税務関係のご指導をいただきました税理士の日下一郎先生、本当に御世話になり、ありがとうございました。

また、事例をご提供いただきましたビジネスパートナーのみなさん、経営者会報ブログの会員のみなさんをはじめ、いつも応援していただいている私の周りのみなさんには本当に感謝しています。

何より、この本を読んでくださったみなさん！　今後とも、みなさんの事業がますますご発展されることを心からお祈りしています。ありがとうございました。

著者

井寄奈美（いより　なみ）

大阪市出身。関西学院大学文学部卒業。井寄事務所代表。特定社会保険労務士。NPO法人ジャパン・リーガル・パートナーズ理事。2005年度大阪労働局総合労働相談員。
大阪船場の繊維商社で11年間勤務。同社を退職後、2001年社会保険労務士資格取得。給与計算のアウトソーシング会社勤務を経て、2006年4月に独立開業。現在は、“社員のモチベーションを上げる仕組み作りのプロフェッショナル”として、就業規則の作成、人事評価制度の導入、賃金設計など、経営者の社外参謀として顧問先企業の業績アップに貢献している。企業再編など弁護士、公認会計士、税理士などの他士業と連携した案件も数多くこなす。
著書に、『社員の正しい辞めさせ方・給料の下げ方』『小さな会社の正しい給料の下げ方・人件費の減らし方』『稼げる社労士の集客術』（以上、日本実業出版社）など。
【井寄事務所】http://www.sr-iyori.com
【経営者会報ブログ】http://iyori.keikai.topblog.jp/
【井寄奈美の社労士日記】http://blog.livedoor.jp/iyori_nami/

小《ちい》さな会社《かいしゃ》の トクする 人《ひと》の雇《やと》い方《かた》・給料《きゅうりょう》の払《はら》い方《かた》

2009年4月20日　初版発行
2011年9月1日　第6刷発行

著　者　井寄奈美 ©N.Iyori 2009
発行者　杉本淳一

発行所　株式会社日本実業出版社　東京都文京区本郷3－2－12 〒113-0033
大阪市北区西天満6－8－1 〒530-0047
編集部 ☎03－3814－5651
営業部 ☎03－3814－5161　振　替　00170－1－25349
http://www.njg.co.jp/

印刷／厚徳社　製本／共栄社

この本の内容についてのお問合せは、書面かFAX（03－3818－2723）にてお願い致します。
落丁・乱丁本は、送料小社負担にて、お取り替え致します。

ISBN 978-4-534-04544-7　Printed in JAPAN

日本実業出版社の本・「経営力」を磨く本

下記の価格は消費税(5%)を含む金額です。

井寄奈美
定価1575円（税込）

法律上、給料・賞与・退職金・社会保険料等はどこまでカットできるか、給料を下げても社員のモチベーションが下がらないようにするには？…など、中小企業経営者が抱く人件費の悩みを一挙解決！

井寄奈美
定価1575円（税込）

不況時、中小企業経営者は会社存続のための決断に迫られることがある。労働者の解雇や退職勧奨、賃金カット…、法律に触れずトラブルにならない“正しい”雇用調整の進め方を指南！

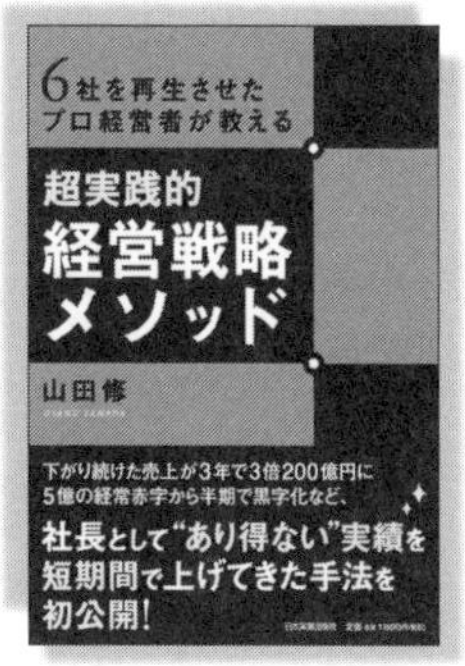

山田修
定価1890円（税込）

わずか数年で6つの企業を再生させた社長が、“あり得ない”経営戦略のノウハウを初公開！　「戦略カード」「シナリオ・ライティング」を使ったその手法はあらゆる業種・業態の会社で実行可能。

古芝保治
定価1470円（税込）

赤字経営に苦しむ町工場が「ゴミゼロ化」で黒字転換するまでのノウハウを初公開！　手法の中心は「3S（整理・整頓・清掃）の徹底」なので、どんな会社でもすぐに実行できる。

定価変更の場合はご了承ください。